AF236563

Herstellung und Verlag:
BoD – Books on Demand, Norderstedt
ISBN: 978-3-7526-0865-6

Der Schriftsteller Burak Tuncel ist Wissenschaftler der Seele. Er ist Philosoph, Dichter und Kolumnist in einer Online Zeitung, studierte Journalismus und ist nebenbei Darsteller am Theater. Seine Werke sind als Melodram geschrieben, begleitet von sentimentaler Musik schreibt der Autor seine dichterisch-philosophischen Romane. Er wünscht sich auch für sie, den Leser, eine derartige musikalische Begleitung beim Lesen. Der Dichter fordert die Menschen heraus mit seinen Büchern. Er fordert sie heraus, da er ihnen altbekannte Dichter, Philosophen zitiert und darbietet, die alle von der Einheit der Existenz und Liebe sprechen. Nur die Menschen sehen und hören es nicht. Sie leben einfach weiter, strebend nach den weltlichen Dingen. Kritisch betrachtet er diesen Lebenswandel, mit Blutstränen in den Augen um die Menschen, sich wundernd. Manchmal hat es den Anschein, als könne er nicht verstehen, dass die Menschen so leben, strebend nach Macht und Geld allein, anstatt sich dem Herzen zu widmen und sich zu fragen, mit welcher Lebensaufgabe wir geboren wurden.

Jedes seiner Kapitel beginnt mit einem Zitat großer Denker und Dichter, um dem Leser die Sprache der Dichtkunst wieder näher zu bringen, die heutzutage ausgestorben zu sein scheint. Die Sprache der Dichter und Poeten ist die Sprache des Herzens. Nur wer sie verstehen kann und in sein Inneres lässt, kann zum Tempel der Liebe gelangen. Nur dann kann der neue Mensch geboren werden, voller Vertrauen in die Mutter Natur und sich seines Herzens und der weichen, femininen Kräfte des Menschen bewusst.

Kontakt zum Autor: buraktuncel@hotmail.de

<u>*Burak Tuncel*</u>

Die herrschende Religion der Technologie

Wie die Digitalisierung uns die Liebe nahm

-Dichterisches Werk-

„Der Dichter kam in diese Welt, als seine Zeit da war. Er kam als die Religion der Mechanisierung des Menschen, die Künstliche Intelligenz die Welt übernommen hatte, die Nekrophilie, die Liebe zum Toten. Er brachte die Werke der Biophilie, die Liebe zum Lebendigen. Er ging, als seine Zeit erfüllt war."

Burak Tuncel

„Wenn der Dichter lächelt, brennt es in ihm, Sein Äußeres lacht, doch sein Inneres ist am Weinen um der Menschen Willen."

Burak Tuncel

Verstehe es einfach nicht. Während Menschen an Hunger zu dieser Stunde sterben oder kein Obdach haben um zu schlafen, möchtet ihr immer mehr im Luxus leben. Immer mehr möchtet ihr Horten, mehrere Häuser besitzen und durch Zinsen ohne zu arbeiten die Armen ausbeuten. Wie könnt ihr denn in Ruhe schlafen? Was soll ich euch noch sagen, was noch schreiben? Oft verreist ihr in ferne Länder wo ihr voller Gastfreundschaft empfangen werdet. Lernt ihr denn nie etwas von diesen schönen Menschen?

Ihr und euer weißes Denken seht euch als Zentrum dieser Erde an. Eure Ignoranz und Arroganz lässt Kinderherzen weinen, bei Tag und Nacht. An eurem Reichtum hängt der Schweiß und die Tränen der Kinder, die ihre Eltern zugrunde gehen sehen, durch die Sklavenarbeit. Es bedarf Wohnungen für Obdachlose und Essen für die Hungernden, doch du möchtest in dieser Welt noch mehr Güter besitzen. Die Habsucht hat deine Augen erblinden lassen.

Die Mutter Natur schreit, sie weint, doch du schaust weg. Es geht nur um dein eigenes Bankkonto. Es geht nur darum, dass es deinen eigenen Kindern wohl geht, doch was ist mit den leidenden Kindern auf der ganzen Welt in den armen Ländern? Nein, ich negiere deine Welt. Sie ist nicht auf Schönheit aufgebaut. In deiner Welt hast du Klassen errichtet, es ist stets ein Klassenkampf zu spüren. Wieso machst du dies nur? Gefällt es dir andere Leiden zu sehen, weißer, unglücklicher Mann?

Die Tiere sind die Freunde der Menschen doch sie haben das Vertrauen zu ihnen verloren. Nun haben sie Angst vor den Menschen. Die Tiere sind hier auf der Erde um den Menschen das lieben zu lehren, sie sind das wichtigste Instrument des lieben Gottes, doch der Mensch tritt Gottes schönstes Geschenk mit den Füßen. Solange die Tiere leiden, wird es keine schöne Welt geben.

„Wir reden in Dichtungen, weil wir nicht mehr Nüchtern sind. Ein nüchterner Mensch würde sich so nicht äußern. Unser Munde betrunken von der Süße der Geliebten."

Burak Tuncel

„Schwere körperliche Arbeit, die Sorge um Heim und Kinder, kleinliche Streitigkeiten mit Nachbarn, Kino, Fußball, Bier und vor allem Glücksspiele füllten den Rahmen ihres Denkens aus. Es war nicht schwer, sie unter Kontrolle zu halten."

George Orwell

„Wir haben von den schönsten Flüssen getrunken, die schönsten Wälder gesehen. Von ganz fernen Wegen kommen die Liebenden. Eure Welt negieren wir, eure mechanische, künstliche Welt, fern ab von wahrer Schönheit."

Burak Tuncel

Es ist eine neue Religion entstanden, die alle Schönheit auf Erden zerstörte. Die meisten Menschen im Westen sind Anhänger dieser Religion. In dieser Religion so sei das Streben, dass der Mensch zu Gott werde. Die Technik wird zur großen Mutter und diese neue Religion verkündet keine moralischen Prinzipien. Das Materielle wird angebetet und je mehr Güter man besitzt umso höher ist die Stellung in der Gesellschaft. *Die digitale Diktatur ist der dunkle Despot dieser Zeit.* Man muss Technologisch begabt sein, sonst darf man nicht überleben. Die meisten Menschen glauben blind an diese neue Religion, sie unterwerfen sich dem Konformismus.

In einem fernen Tal befindet sich das neue Mekka. Die alten, schönen Kulturen sterben, und die kalte Welt des weißen Mannes regiert, der diese Religion erfunden hat, leitet und lenkt. Diese neue Religion der Technik dient der Zerstörung des Lebens, es widmet sich größtenteils der Nekrophilie. Wir alle sind Sklaven dieser Religion und sie wird uns in den Abgrund treiben, da sie gegen die Schönheiten des Lebens ist. *„Dies ist des weißen Mannes Werk. Des weißen Mannes Werk hat nichts mit der Hautfarbe zu tun, sondern ist eine Geisteshaltung und Denkart abgeleitet vom Denken und Handeln des Christoph Columbus."*

„Die Massen haben nicht ein einziges Meisterwerk hervorgebracht, weder auf dem Gebiet der Forschung, noch der Malerei, noch der Dichtung, noch der Musik. Entdeckungen kommen immer wieder durch unbekannte Leute zustande, die einfach mit ihrem Leben spielten. Wären sie ernst gewesen, hätten sie es vorgezogen, Geschäfte zu machen, eine Fabrik zu gründen oder dergleichen.“

Osho

Wieso flüchten die Menschen vor der Freiheit? Diese Gesellschaft arbeitet Intellektuell, doch der Intelligenz sind sie weit fern. Ihr Intellekt arbeitet wie ein Computer. Gefühle und Liebe sind nur ein Dorn im Auge. Nur die Kinder sind erfinderisch, ein älterer Mensch nie. Der Intellekt kann ein Experte sein auf seinem Gebiet, doch sie können nicht Erschaffen. Je menschlicher also eine Person wird, desto weniger nützlich ist er für die Gesellschaft. Das ganze System hierzulande dient dazu den Menschen zu einem Automaten werden zu lassen. Nur dann ist er gehorsam, nützlich und ungefährlich. Die Universitäten sind Fabriken um den Geist zu ersticken, den Menschen zu einer Maschine zu machen.

„Wir kämpfen wie die Tiere, unsere Politik, unsere Nationen, unsere Rassen, unsere Religionen sind alle animalisch. Wenn wir Nation sagen, meinen wir nichts anderes als die Gier nach Territorium. Wenn wir Rasse sagen, ist das nichts als die Anbetung der eigenen Herde. Wir geben den Dingen schöne Namen, kleben ihnen edle Etiketten an und verstecken dahinter viel Hässliches."

Osho

Wir sind mit der niederen Art zu leben beschäftigt, so übernimmt das Höhere nicht die Leitung. Die Eile des modernen Menschen bildet die Hässlichkeit auf der Welt. So wurde die ganze moderne Gesellschaft in Richtung der Materie gedrängt.

Umdrehen?

„Alles war so schön, dass man es einfach nicht ertragen konnte, es alleine anzuschauen."

Astrid Lindgren

Heute stehe ich seit langem wieder auf der Bühne im Theater. Doch wende diesmal ihnen, den Besuchern dieses Dramas, zu den Rücken. Jahrelang habe ich mein Gesicht den Menschen zugewandt und nie etwas anderes als eine Wand in ihren Gesichtern gefunden. Kein Mensch ist offen, jeder ist wie eine Wand, jetzt kann ich ebenso gut eine Wand anblicken. *Nur wenn einer kommt, der keine Wand ist, werde ich mich umdrehen.*

„Ich habe die Liebe zurückgewiesen, um mich selbst nicht herabwürdigen zu müssen."

Albert Caraco

Wieso haben wir eine Gesellschaft geschaffen, in der Korruption unvermeidlich ist? Das Fundament ist Korrupt. Solange nicht das Fundament selbst verändert wird, muss es in Not gedrungen zu Korruption führen. Alles ändert sich, doch die Korruption ist geblieben auf allen Ebenen. Das ganze Erziehungssystem ist auf Wettbewerb ausgerichtet. Eine ehrgeizige Gesellschaft kann nur korrupt sein. Ehrgeiz ist die Wurzel allen Übels.

Die Reichen und Erfolgreichen können ihre Korruption verbergen, da sie Macht haben. Erst wenn sie ihre Macht verlieren, kommt die Korruption ans Licht. Der Dieb ist nur ein Dieb, solange er ein kleiner Dieb ist. Aber wenn er ein großer Dieb ist, der die Armen ausbeutet, wird er zu einem großen Mann in den Augen der Herde. Diese Gesellschaft läuft Amok, da sie nach Reichtum, Macht und Ruhm strebt. Die Liebe ist ein Zustand, und keine Beziehung. Sie ist auf Niemanden bezogen.

Wer zur Liebe wird, kann nicht ehrgeizig sein. Nur die Liebenden gehen durch die dunkle Nacht der Seele um zur Morgendämmerung zu finden. Die Masse bleibt in der Nacht, im Dunkeln gefangen.

„Ich werde gegen dieses Volk aussagen, wenn die Zeit gekommen ist."

Albert Caraco

Jene, die beweisen möchten, dass es Gott gibt oder nicht, haben Nichts verstanden. Das ganze Sein ist göttlich. Die Liebe wird erst geboren, wenn der Verstand gestorben ist. Gesagt all diese Wörter, doch keine Abnehmer in Sicht. Im Trieb, die meisten Menschen gefangen. So kann keine schöne Welt entstehen, womöglich haben sie auch kein Interesse daran. Hauptsache, ihrer eigenen Familie geht es Wohl, und sie leben im Luxus. So verstummt meine Hoffnung, jeden Tag noch mehr. Was ich noch tun kann? *„Zu gehen."*
Das Licht zu hell für den dunklen Marktplatz. Die Schubladen stecken fest, Menschen kommen dort nicht mehr raus, nein sie möchten es nicht. Man wird einfach in Schubladen gesteckt. Es ist viel einfacher auf diese Art und Weise zu leben. *So hat man sich ein Weltbild geschaffen.*

„Jesus wurde während dieser dreißig Jahre kontinuierlich vorbereitet. Zunächst schickte man ihn nach Ägypten, und danach kam er nach Indien. In Ägypten lernte er eine der ältesten Geheimüberlieferungen kennen. In Indien erfuhr er dann von den Lehren Buddhas, der Veden und der Upanischaden."

Osho

Weshalb benehmt ihr euch wie der Herbst? Wieso lacht ihr während Kinder an Hunger sterben und Tiere geschlachtet werden?

„Womöglich stimmt etwas nicht mit mir."

So denke ich manchmal. Weshalb so viel Leid und Klagen auf mich nehmen? Die Ignoranz der Menschen nicht mehr zu ertragen.

„Ein Priester ist nötig als Makler, als Mittelsmann. Er ist ein Agent, ein Zwischenhändler. Der Imam möchte ein unschuldiges Herz ausbeuten."

Osho

Er war ein naiver, reiner Junge. Doch dies war seine Schwäche in dieser brutalen Welt. Er dachte, dass er sie kennen würde, nur weil sie ihn anlächelten. All die Verleumdung fängt stets mit Liebe an.

Ja, er liebte die Menschen, brachte ihnen das Licht. Doch sie wandten sich gegen ihn. Ist dies nicht passiert allen Propheten und großen Künstlern?

Doch der weiße Mann wollte nichts von seiner eigenen Ignoranz wissen. Von seiner unmenschlichen Welt. So ist das Ende nun in Sicht in baldiger Nähe. Die Liebe der Indianerkinder war eine göttliche Liebe. Sie war gerichtet an alle Wesen. Die Liebe des weißen Menschen nur an seinen eigenen Geldbeutel. Für dies brachte er um die Natur und die Schönheit des Menschen.

„Man kann nirgends einen Menschen finden, der mehr gegen die Priester wäre als Jesus. Ein wirklich religiöser Mensch ist niemals ein Priester. Ein wahrer Meister, möchte euch stärken."

Osho

Nein, bitte redet kein einziges Wort mehr zu mir. Nein, lächelt mich nicht an mit eurem künstlichen Lachen, eurer hässlichen Maske. Wisst ihr auch weshalb? *„Weil ich euch wieder glauben würde!"*
Ich wüsste, dass ihr wieder lügen würdet, dass ihr euch zum Besseren gewandt habt, dass ihr nun keine Rassisten mehr seid. Das Kind in mir würde wieder versuchen euch zu glauben, obwohl ich an euren Blicken sehen könnte, dass ihr nicht aufrichtig seid. Das ihr immer noch Klassengesellschaften pflegt, dass ihr immer noch Kinder nach Aussehen und Herkunft selektiert.
Dass immer noch die Reichen die Armen unterdrücken, dass immer noch der weiße Mensch die Umwelt und Natur vergewaltigt. So bleibt lieber stumm, und sagt lieber nichts!

„Die jungen Leute können die Welt nicht mehr retten, die Welt kann nicht mehr gerettet werden, die Vorstellung vom Heil ist nur eine falsche Vorstellung, und wir müssen unsere unzähligen Fehler bezahlen."

Albert Caraco, Brevier des Chaos

Denn ihr tötet die Herzen der liebenden Wesen,
„Oh höret zu meine Worten." Einige machen es mit ihren Gesten, andere mit ihren gewalttätigen Wörtern. Ihr bringt die Liebenden um, weil ihr daran Genuss habt. Nur die Form ändert sich, jede Zeit hat seine eigenen Methoden. Einige bringt ihr um in jungen Jahren, andere lasst ihr leiden, während sie alt werden. Einige sterben am Kreuz, andere am Galgen. Einige bekommen Gift, und andere wiederum tötet der Arzt.
Für dieses Vorgehen kauft ihr Gesetzte und die Richter. Die Religionen dienen euren Systemen, die Liebenden umzubringen. Doch nur weil ihr die Liebenden leiden lässt und umbringt, heißt dies nicht, dass ihr gewinnen werdet.
Die Liebenden haben die Wahrheit, das Göttliche auf ihrer Seite. Sie wird man für immer in Erinnerung behalten, doch euer Dasein ist vorbei wenn ihr im Grabe liegt. *Denn die Liebenden tragen in sich die Ewigkeit.*

„In Wahrheit erhalten wir die gerechte Strafe dafür, die Welt nicht neu überdacht zu haben, die Welt entgleitet uns zu der Stunde."

                                                    Albert Caraco

Schaut sie an, eure Welt, doch schaut sie euch genau an.

Die Gedichte sind verschwunden, die Poesie ist verschwunden. Nur die linke Gehirnhälfte regiert bei euch. Das Harte, das Starre, die Mechanik hat eure Länder übernommen. Man kann es an den Strukturen eurer Gesellschaften sehen. Der kaltblütige Verstand, so bringt um alles Schöne, Feinfühlige. Weil die Dichtung verschwunden ist, gibt es bei euch nur noch Konflikte. Ihr trennt die Menschen in Rassen und gebt ihnen einen Migrationshintergrund. Ihr wisst doch genau, dass sie hier geboren sind. Wieso tut ihr dies? Weil ihr das Denken des weißen Mannes habt. *Das Denken von Christoph Columbus.* Da gibt es keinen Monolog. Das weiße Denken regiert und alles was dagegen ist, wird zerstört, siehe die Indianer und Schamanen.

„Der Häuptling der Kapitalisten wurde König genannt."

George Orwell

Die Welt ist ein Ort der Qual für die sensiblen, feinfühligen Wesen. Die Menge erschwert diesen schönen Menschen das Leben, doch sie sammeln sich schlechtes Karma an. Man sieht das Unglück in ihren Gesichtern, je mehr Reichtum sie anhäufen, umso unglücklicher werden sie.

„Denn das Karma der liebenden Geschöpfe hängt an ihren Seelen."

„Verschämte Lieb, ach! Sie verrät sich schnell. Wie Blutschuld, ihre Nacht ist sonnenhell.“

William Shakespeare

Der weiße Mann hat uns vom Herzen getrennt. Er hat eine Zivilisation geschaffen, die nur Dienet dem Intellekt. Sie wollten uns töten, auf die Liebe hatten sie es abgesehen. Sie gaben uns Autos, moderne Technologie, alles war bequemer, doch verloren wird das Menschsein. Sie wollten, dass wir genauso werden wie der weiße Mann. Kalt und Herzlos. Es scheint, als hätte die Masse diese Art Sklaverei voller Genuss angenommen.

„Noch kein hübsches Weib hatte je ein Gesicht ohne Falsch."

William Shakespeare

Egal wie schön sie gekleidet sind, oder rhetorisch begabt. Lasst euch nicht von ihnen blenden. Sie verstecken ihre Hässlichkeit, ihre Ausbeutung hinter schönen Worten.

„Sie sind reich, weil ihr arm seid. " So sprach Hermann Hesse.

Sie wohnen in schönen Häusern, während Kinder an Hunger sterben. Sie tun als wäre alles schön auf der Welt, man solle sein Dankbar. Die verfälschten Religionen dienen ihren Strukturen, die Technologie dient ihrer Ordnung. Wer die Macht und das Geld anbetet, von jenen wendet sich die Schönheit ab.

„Meine Freude ist so groß, dass sie vom Kummer Tränen borgt, sich zu entladen."

William Shakespeare

Die Götter des Geldes lassen Autoritäten entstehen. Dualität wird erzeugt. Es dient nicht der menschlichen Natur sich einer Autorität zu beugen. *Wir sind alle Götter der Schönheit.* Sie haben eine Welt erschaffen, wo wir uns Minderwertig fühlen sollen, damit wir gehorchen, doch nein. *„Schaut, meine Bücher sind das Gegengift gegen diese Kreaturen, die keine Seele haben."*
Wir schreiben diese Bücher nur um zu warnen, um das kritische Denken zu aktivieren. Lesen ist das größte Gebet. Wir teilen welch wir besitzen.

„Denn wir sind nur ein Werkzeug des Lebens, die liebenden Künstler. Wir möchten, dass die unterdrückten Völker die Herrscher der Welt werden."

Es soll ein Ende haben mit der Herrschaft des weißen Mannes. Wir sind Indianer und Schamanen, die seit Jahrhunderten leiden.

„Ein tiefer Fall führt oft zu hohem Glück."

William Shakespeare

Wieso schaut ihr „auf" zu den Mächtigen? Wieso schaut ihr nicht nach unten? Gott wohnt nicht oben, sondern sie ist unten auf der Erde, mit den Schwachen und Armen. Sie möchte, dass alle Reichtümer der Welt gerecht verteilt werden.

Doch der weiße Mann und seine Gefolgschaft sind gegen Dies! Der weiße Mann hat alle Religionen in seiner Hand. Die Christen, die Juden, die Mohammedaner. Sie dienen alle dem weißen Mann, weil sie sein Denken ausleben. Wenn es um das Geld geht haben sie alle die gleiche Religion, wenn es um das Streben nach Macht geht. Desto voller ihr Geldbeutel, umso leerer ihr Herz. Menschen verneigen sich vor den wahren Kriminellen. Den Bossen der Konzerne und Banken.

„Kometen sieht man nicht, wenn Bettler sterben."

William Shakespeare

Die Großstädte sind bewohnt voller lebender Leichen. Dort herrscht der Egoismus. Man kennt nicht mal seinen eigenen Nachbarn. Niemand kümmert sich um keinen. Nur falls man Stirbt, und stinkt, kommt man bei. Ja, sie schlagen um sich. Sie haben es auf die alten Menschen abgesehen. Sie bringen keinen Ertrag mehr. Alles welches keinen Ertrag bringt, hat keinen Wert in ihrer grausamen Welt. Sie beten die Zahlen an. Immer wenn ich diese Dinge schrieb, machten sie viel Lärm, damit man die Botschaft nicht hören solle.
Doch die Schönheit redet still und geduldig. Eines Tages wird sie Siegen. Sie ist die Sprache der Engel und der verhungernden Kinder.

Der Maler und der Dichter

„Die Menschen glauben zu wissen, was Liebe ist. Aber sie wissen es nicht. Dieses Missverständnis von Liebe erzeugt die Eifersucht."

Osho

Es ist eine Gesellschaft entstanden die nicht der menschlichen Natur entspricht. Die Dichter, die Maler aus der Unterschicht werden nicht wahrgenommen. Die Kunst der Reichen wird nur gefördert, welches keine wahre Kunst ist.

„An warmen und reich Gedeckten Tischen kann man keine Kunst erschaffen."

Doch beschränkte Menschen wollen nichts verändern, zu viel Sorge um ihr Geld und Ansehen. Körperorientierte Menschen können nichts Erschaffen, nur Destruktiv sein. Ihr Gott ist die Welt, nicht die Unendlichkeit. Ihr Haus, ihr Auto, ihr Ansehen.

„Ich sage wenig, denke desto mehr.“

William Shakespeare

Der weiße Mann hält ständig seine Emotionen zurück, immer Kontrolliert. Er ist kein authentischer Mensch. Sie versuchen immer den Anschein zu erwecken, besonders lieb und zivilisiert zu sein, aber du kannst die Wut in ihren Augen erkennen. Sie tragen nur eine falsche Maske. Man kann es an ihren Gesten sehen, wie sie reden, die Art und Weise wie sie mit Minderheiten umgehen. Es kocht in ihnen. Jeden Moment könnten sie explodieren. Das sind die Mörder, die Kriminellen, die wirklichen Bösewichte.

„Ehre ist des Lebens einziger Gewinn, nehmt Ehre weg, so ist mein Leben hin."

William Shakespeare

Ihr folgt den falschen Menschen. Deswegen zerstören sie euch. Diese Menschen leben für die Nekrophilie. Sie dienen dem Tod, bei all ihrem Handeln. Sie dienen den niederen Welten, dort findet man kein Bewusstsein. So widmet euch der Göttlichkeit, die in euch Inne wohnt. Verleugnet die Hierarchien. Diese Menschen haben Angst vor den schönen Göttern in euch, deswegen machen sie Angst auf allen Ebenen des Lebens.

Sie haben Angst vor unseren Tränen, vor unserem Lachen, da wir ihnen überlegen sind. Ich wünschte alle Universitäten der Welt würden die Menschen auf das Herz aufmerksam machen, sie sinnlicher und sensibler machen, sensibel für alles was uns umgibt, für die unerhörte Schönheit.

Doch die Universitäten gehören den Niederen, dunklen Kräften. Dort sollen wir zu Robotern und Maschinen werden. *Ihre Bildung dient der Wirtschaft, nicht der Liebe.* Das Herz wird links liegen gelassen und es entsteht eine Gesellschaft voller unglücklicher Menschen. Die Gesellschaft möchte nicht, dass ihr zu Herzensmenschen werdet.

Die Gesellschaft benötigt Maschinen, keine Herzen.

„Lass meine Seele sich an der deinen Stärken, denn die Stunde unserer Trennung hat geschlagen."

Khalil Gibran

Für uns Liebenden zählt nur die Liebe. Für den Intellekt, den Kopf gibt es keine Liebe, keine Schönheit, keine Anmut. Da die Gesellschaft hier in Deutschland vom Intellekt regiert wird, sieht man keine Schönheit in den Augen der meisten Menschen. Roboter können keine Schönheit besitzen. Dort, wo der Mann die Spielregeln festgelegt, dort keine Göttlichkeit.

„Die begrenzte Liebe sucht den Besitz des anderen, doch die grenzenlose Liebe verlangt nichts anderes zu lieben."

Gebrochene Flügel, Khalil Gibran

Die Liebenden verlieben sich jeden Tag. So erschaffen sie wunderschöne Musik, bezaubernde Poesie, fabelhafte Bilder. Ihre Liebe ist wie eine Rose. Solange sie hier auf Erden ist, duftet sie so wundervoll, so lebendig. Die Liebenden tanzen im Wind, im Regen und in der Sonne und zeigen ihre Schönheit.
Immer wenn es ungemütlich wird, und die Masse ins Haus flieht, ja dann schlägt die wahre Stunde der liebenden Künstler. Nur sehr wenige können diesen Weg einschlagen. Spott und Tadel zu ertragen ist nicht jedem gegönnt. Die meisten könnten dies nicht ertragen. So verkriechen sie sich ins gemütliche, warme Heim und agieren im Dunkeln. Die Liebenden zeigen sich wie Sie sind. Sie müssen keine Rolle spielen. Ihr Leben ist ein wahres Kunststück für sich.
„Das schönste Drama gespielt auf der Bühne des Lebens."

„Die unfruchtbare Frau wird überall auf der Welt verachtet, denn der Egoismus des Mannes strebt danach, sich in seinen Söhnen zu verewigen. Er will Kinder von seiner Frau, um durch sie ewig auf dieser Erde bleiben zu können."

Gebrochene Flügel, Khalil Gibran

Die Wahrheit spricht in Paradoxen. Eure Bankkonten sind eure Friedhöfe, dort seid ihr begraben. Die Gesellschaft hier, mag nicht, dass ihr euch Selbst erkennet. Dies wäre gefährlich für ihre Interessen. Du sollst zu einem Roboter werden, nicht mehr. Wenn man sich dagegen wehrt, wird einem das Schicksal, *Das Kreuz*. Die Gesellschaft hat sich entschieden, dem männlichen Modell zu folgen. Die Mutter Natur wird sich rächen.

„Die Blumen des Tales werden geboren aus der Zärtlichkeit der Sonne und der Leidenschaft der Natur. Und Menschenkinder sind Blumen, die aus Liebe und Zärtlichkeit hervorgehen."

Khalil Gibran

Im Verborgenen sein und Ruhmlos bleiben, dies ist das Erstreben des Verfassers dieser Zeilen. Materiell wie die Materie, so hart und unbarmherzig wie Stahl und so unersättlich wie ein Grab, so kann ich die meisten Menschen beschreiben, die ich auf meinen Wanderungen traf. Weshalb haben wir keine Gesellschaft geschaffen, die es sich zur Aufgabe gemacht hat, die Geheimnisse des Herzens der Frau zu erforschen? Entweder wird die Frau nur als Objekt gesehen oder sie wird verachtet. Dieses Verhalten spiegelt das Elend auf der Welt.

„Die Zeit ist aus den Fugen."

William Shakespeare

Man kann betrachten, dass in den meisten Bereichen des Lebens die tieferen Beziehungen verschwunden sind. Entweder ist es Oberflächlich oder es ist nicht Echt. Tiefe ist gefährlich, an der Oberfläche kann man wie ein Roboter funktionieren. Der Psychiater hilft dabei, die Menschen an eine Welt, die absolut *pathologisch* ist, anzupassen. Es geht nicht um Gesundheit. Der normale Mensch, ist geisteskrank, innerhalb der akzeptierten Grenzen der Gesellschaft. Die ganze Gesellschaft, die krank ist, nennt die gesunden, die aussteigen, die Kranken. Die größten Psychiater des Westens waren pathologisch, waren nicht Heil. Die Hingabe und das Vertrauen werden nicht gelehrt. Angst und Zweifel werden geschürt.

Taube Ohren

„Der Rest ist Schweigen."

William Shakespeare

Weil eure Ohren nicht geschult sind, lebt ihr mit diesem Lärm und denkt, es sei Musik. Um wahre Musik zu erfahren, braucht es eine lange Schulung. Die kosmische Musik sitzt tief. Sehr wenige verstehen wahre Musik. Professoren an den Universitäten und die intellektuelle Kaste können dies nicht hören.
Nur gewöhnliche, unschuldige Menschen haben diese Gabe.

„In Ländern, die industrialisiert sind, mechanisiert, zu sehr technologisch programmiert, kann man die kosmische Musik nicht hören."

Es gibt genug Tote in den Großstädten, sie begraben ihre eigenen Toten durch die Industrialisierung. Der Computer übernimmt immer mehr Arbeiten und der Mensch fühlt sich nutzlos. Der Mensch wird bald für immer im Weg stehen, die Maschinen werden die Herrschaft übernehmen. Die Technologie hat bessere Häuser geschaffen, aber nicht schönere und bessere Menschen. Für bessere Menschen ist eine andere Umgebung notwendig.

„Verliebte laufen stets der Uhr voraus."

William Shakespeare

Ihr habt eine Welt geschaffen, wo unschuldige Menschen es immer schwieriger haben zu existieren. So erkennt ihr die Liebenden nicht. Denn Unschuldige antworten nur auf Unschuldige. Jene, wie die Kinderlein geworden sind. Die Könige, Reichen, Beamten und Kapitalisten der heutigen Zeit haben riesen Angst vor der Liebe und der Unschuld der Kinder.

Doch eines Tages, *werden die Ärmsten die Reichsten sein*. Das Chaos wird kommen. Das riesige Universum bildet eine Harmonie. Denn der Krieg des Menschen ist nicht im Außen. Er ist in den inneren Welten. Das innere muss zur Liebe werden, ansonsten weiter das Leid.

„Die Menschen glauben vielleicht, dass ich gekommen bin, um Frieden über die Erde zu bringen, und sie wissen nicht, dass ich gekommen bin, um Trennungen über die Erde zu bringen, Feuer, Schwert und Krieg."

Jesus von Nazareth

Ihr seid Trunken, noch fand ich keinen von euch durstig. Die Seele ist betrübt über des Menschen´s Sohn. Die ganze Welt wandelt im Schlaf, darum existiert so viel Elend, Gewalt und Krieg. Menschen haben Rassismus in ihrem Geist. Die meisten von euch wissen nicht was wahre Schönheit ist, so küsst ihr die hässlichen Menschen. Ihr küsst die Macht. Reichtum ist hässlich, weil er auf Ausbeutung beruht. Es ist Blut dran, es ist Tod dran, viele haben dafür leiden müssen. Nur so wächst euer Konto. Die Suche nach Reichtum birgt Hässlichkeit. Ihr seid trunken von Macht. Das Herz und die Liebe führen zum Misserfolg in eurer Welt. So widmet man sich dem kalten Verstand. Der Kopf ist listig, deswegen hat er so großen Erfolg in dieser Welt.

„Doch ein Mensch mit Herz wird scheitern, weil er nicht ausbeuten kann."

„Ich legte mein Wissen von dir in dauernde Lieder, und das Geheimnis von dir entströmte meinem Herzen."

Rabindranath Tagore

Der Mensch lebt mit einem aufgemalten Gesicht. Es ist nicht sein ursprüngliches Wesen. Die Gesellschaft malt das neue Gesicht in den Schulen.

Wenn ein Untergegebener in einen Raum kommt, schauen die Menschen weg, man tut so als wäre er kein Mensch. Aber wenn ein Chef den Raum betritt, ist man plötzlich auf den Beinen, dann zeigt man ein falsches Lachen, *als wäre Gott ins Zimmer getreten.*

Wenn ihr meine Werke erkannt, würdet ihr uns Liebenden nicht so behandeln. Deswegen kreuzigt ihr uns, da ihr wahre Schönheit nicht sehen könnt. *Das Leben verläuft nicht wie ein Geschäft, es verläuft wie Poesie, das Leben geht aus vom Herzen, es ist eine Liebesgeschichte.* Das Leben ist nicht wissenschaftlich. Das Leben glaubt nicht an Aristoteles und an die Logiker, es glaubt an die Dichter, es glaubt an die Mystiker. Es ist ein Mysterium, das wir leben, nicht ein Rätsel, das wir lösen sollen. Das Geheimnis liegt offen, nur ihr seid verschlossen. Es ist überall Offenbar. *Auf jedem Baum, auf jedem Blatt in den Augen eines Hundes oder Kalbes.* Nur ihr seid verschlossen.

„Wenn ein Dieb beten geht, wird sein Beten falsch sein, denn wie kann ein Gebet aus dem Herzen eines Menschen kommen, der Leute ausgebeutet hat? Wie ist ein Gebet aus dem Herzen eines Diebes möglich?"

Osho

Ich schreibe immer vom Sein in den Büchern, wie es Erich Fromm tat. Doch ihr versteht immer nur das Tun. Denn ihr betet und werdet verdammt, und wenn ihr Almosen gebt, werdet ihr eurem Geiste Böses antun, da ihr nicht ehrlich seid. Ihr seid nicht in Andacht mit dem Leben. Andacht findet im Sein die höchste Blüte.

„Was für ein schöner Mond. Ich wünschte, ich könnte diesem Dieb diesen Mond schenken. Dieser arme Mann ist von so weit her gekommen."

Basho

Wer habgierig im Geiste ist, und reicher werden will, ist Teil dieser korrupten Gesellschaft, den er fördert die Reichen und Armen die dadurch entstehen. Alles ist miteinander verbunden. Gebet bevor es zu spät ist, denn euer Reichtum gehört nicht Euch. Es ist das Recht der Armen. Ihr hattet sie ausgebeutet, deswegen wurdet ihr Wohlhabend.
Ihr gebt uns Gift, doch wir machen Liebe daraus. Bei euch ist es genau umgekehrt. Doch ihr seid nicht bereit zu lesen, zu hören. Zu sehr seid ihr mit dem Weltlichen beschäftigt, mit eurer eigenen Herde.

Darum gibt es Gefängnisse, Gesetze, es ist eine Rache seitens der Gesellschaft. Die Gesellschaft kann einen rebellischen Menschen nicht tolerieren, weil er die ganze Struktur zerstören würde. Jesus wurde gekreuzigt von der Gesellschaft, weil die Art wie er sprach, die Art, wie er sich benahm, die ganze Struktur gefährdete. Die Gesellschaft kann dies nicht tolerieren, sie wird dich bestrafen."

Osho

Menschen, die voller Liebe sind, können nur geben. Sie kennen das Nehmen nicht. Schaut euch um, es geht überall nur ums Nehmen und ihr seid mittendrin. *Dies ist des weißen Mannes Welt.* So wurden wir konditioniert.

„Ich kostete den verborgenen Honig dieses Lotos, der sich ausdehnt auf dem Ozean von Licht, so bin ich gesegnet, sei dies mein Abschiedswort."

Rabindranath Tagore

Verirrt habe ich mich hier im Lande der Deutschen. So gehe ich nun in ein Irrenhaus und sehe mich um, dort sind die intelligentesten Menschen. Die intelligentesten Menschen werden verrückt, nicht die Durchschnittlichen. Nietzsche wurde verrückt, einer der Größten. Die Aller besten wurden verrückt und die Durchschnittsköpfe blieben geistig normal. Dies ist so absurd. Die normalen Menschen sind gesund, und die Genies werden verrückt. *Weshalb bleibt ein durchschnittlicher Mensch geistig gesund?* Er hat nicht genug Energie um vom Weg abzukommen. Ein leerer Geist wird niemals in die Irre gehen. Die Verrückten können weiter blicken als ihr. Ihr Horizont ist nicht beschränkt.

39

„Die Liebe findet nur jene, die es wert sind. Das Leben segnet nur jene, die unschuldig wie die Kinderlein werden. Alle Reichtümer der Welt machen euch noch ärmer, dass ihr euch selbst fremd werdet."

Burak Tuncel

Ihr redet von Nächstenliebe und Brüderlichkeit. Doch wie kann man seinen Nächsten lieben in einer Gesellschaft die dazu konditioniert wurde in Konkurrenz zu leben? So muss man Rücksichtslos werden auf dem Weg zum Erfolg.
Jeder ist ein Konkurrent, und dann ist niemand mehr dein Nächster. Man muss hassen, eifersüchtig sein. Man muss ständig bereit sein zu kämpfen und zu gewinnen. Wenn man ein weiches Herz hat, dann hat man verloren in eurer Welt, des weißen Mannes.

„Wie kann ein konkurrierender Geist den Nächsten lieben?"

„Ich weiß, es wird kommen der Tag, wenn mein Blick diese Welt verliert, das Leben Abschied nimmt in Schweigen, der letzte Vorhang mir über die Augen fällt."

Rabindranath Tagore

Der ganze moderne Geschwindigkeitswahn macht krank. Je höher das Tempo, desto verlorener die Menschen. Schaut sie euch genau an. Sie werden nicht nach Hause finden, ihre Geschwindigkeit ist zu hoch. Die großen Gelehrten lebten in einer Zeit der Langsamkeit. *Deswegen findet man heute so wenige schöne Menschen, denn die Geschwindigkeit erlaubt es nicht.*

„Die Menschen hasten zu des Königs Markt. Verkäufer und Käufer sind alle dort."

Rabindranath Tagore

Die Mystik kommt aus dem Osten, aus Indien. Und es gibt auf der Welt zwei Arten von Geist. Das Aristotelische Denken und die Mystik. Der aristotelische Geist ist mathematisch. Die Mystik stammt aus Indien weil die Sonne dort aufgeht. Weil der Westen den Weg des Aristoteles gewählt hat, findet er nicht zur Liebe.

Er hält an seiner Ignoranz fest, da der aristotelische Weg der kapitalistische, materialistische Weg ist. Ohne seinen Besitz, wäre der weiße Mann ein Nichts und dies weiß er auch ganz tief in seinem Unbewussten.

Jesus war ein Dichter. Er war kein Theologe oder Philosoph. Deswegen ist Jesus ein Kind der Mystik, er stammt aus Indien. Er war ein Dichter und der aristotelische, westliche Verstand kann seine Poesie nicht verstehen und daher seine Botschaft nicht begreifen. Die Sprache der Mathematiker ist beschränkt, sie kann nicht viel aussagen.

„Der Dichter spricht von unbekannten Mysterien."

„Im Krieg ist´s Sitte, jeden Vorteil zu nutzen."

William Shakespeare

Schaut euch die Reichen an. Sie waren gierig und sind Reich geworden. Jetzt haben sie Stiftungen gegründet aber ihre Habgier bleibt dieselbe. Sie wollen ihre Schuldgefühle loswerden. Sie wissen dass sie keine guten Menschen sind. Sie haben viele Arme ausgebeutet.

Eure Profi Sportler, jene die ihr im Fernsehen anbetet. Sie sind Lügner. Sie verdienen Millionen während Kinder an Hunger sterben. All die Kleidung, die sie tragen, wurden aus Kinder und Frauenarbeit in armen Ländern hergestellt. *Sie sind Banditen.* Sie sind wie herzlose Roboter. Schaut in ihre Augen, dort werdet ihr keinen Funken Menschlichkeit sehen. Sie sind dumm, deswegen werden sie auch auserwählt von ihren weißen Herren. Sie haben ihre Seele verkauft. Dumme Menschen kann man einfacher führen und lenken.

„Unter faulen Äpfeln hat man wenig Wahl."

William Shakespeare

Die *Psychologie* steht im Dienst der *Gesellschaft*. Der Psychiater tut was er kann um dich wieder in die kranke Struktur anzupassen. Du sollst böse bleiben. Er dient dem Establishment. Kein Mensch liebt. Und solange du nicht ein Vincent van Gogh oder Friedrich Nietzsche wirst, kannst du nicht lieben. Denn nur jener kann lieben, dessen Bedürfnis, geliebt zu werden, verschwunden ist. Im jetzigen Zustand könnt ihr nicht lieben, ihr täuscht Liebe nur vor, um geliebt zu werden. Ihr wisst, dass meine Bücher Recht behalten werden. Deswegen eure Ignoranz und Diskriminierung. Denn dies würde bedeuten, dass ihr Unrecht habt. Meine Erscheinung löst bei euch Erdbeben aus, da ich ganz alleine Glücklich bin. Ihr habt noch nie so Leute wie uns willkommen geheißen. Solange wir lebten habt ihr uns abgewiesen. Erst wenn wir tot sind, heißt ihr uns willkommen. Saget mir, wohin mit euch? Wohin? Es scheint Aussichtslos mit euch.

„Da der weiße Mensch die Natur nicht verehrt, kann er die Lieder der Grillen nicht hören. Da sein Auge des Verstandes nicht sehen kann, bleibt ihm der Zauber der Liebenden fremd. Wer die Liebe eine Art Verrücktheit nennt, der soll dem Geheimnis des Lebens ewig fern bleiben."

Burak Tuncel

Die Welt ist voller Geschäftsleute, ob im kleinen oder großen Rahmen. Er denkt ständig an Geld und Besitz, aber nie an das Bewusstsein, denn das Bewusstsein ist keine Ware, es ist weder zu verkaufen noch zu kaufen, es ist für ihn unnütz. Alles bekommt einen Nutzwert, selbst seine eigenen Eltern oder Kinder. Sie verkaufen sich selbst jeden Tag. Voll ist die Welt solcher Menschen. Die Gesellschaft ehrt nur die Geschäftsleute, die Armen werden beleidigt und als Last empfunden. Neurotische Welt. *Doch so ist´s der Gang der Welten eben.*

„Was soll ich mit der Liebe, wenn sie den Himmel mir zur Hölle macht."

William Shakespeare

Der Geschäftsmann macht aus neunundneunzig Prozent der Bevölkerung. Die Erziehung hierzulande sorgt dafür. Der Priester ist ein Geschäftsmann, der als frommer Mensch daherkommt. Er ist nicht Religiös. Sie sind gegen all die Propheten, der religiöse Klerus. Einmal Geschäftsmann, immer Geschäftsmann. Die Rosen laden uns ein zur Liebe, die Tiere, die Bäume. Doch die meisten folgen den Geschäftsleuten und dem Geschäft nach Profit.

„Wenn die Musik der Liebe Nahrung ist, spielt weiter."

William Shakespeare

Dichter leben bei euch, doch ihr nehmt sie nicht wahr. Wieso ist dies so? Euer Verstand ist betrunken von Materie, deswegen erkennt ihr den großen Geist nicht. Ihr habt keine Präsenz, deswegen seht ihr wahre Schönheit nicht. Wenn der Dichter bei euch an die Türe klopft, dann verriegelt ihr sie. Ihr fühlt euch wohl im niederen Zustand. Ihr müsst euch nicht ändern. Der Dichter passt euch nicht in den Kram, da eure ganze Anpassung zunichte gemacht wird.

„Wie sollen die Menschen zur Liebe finden, wenn ihnen stets Angst gemacht wird, überall?"

„Da hilft nun kein Beten mehr."

William Shakespeare

Wenn man die Menschen in den Städten sprechen hört, dann sehen sie sich selbst als gute Menschen. Mir ist noch niemand begegnet, der sich selbst nicht als guten Menschen sieht. Doch wieso ist dann die Welt in dieser verheerenden Lage?

„Nein, ich bin kein guter Mensch. Wenn ihr alle gute Menschen seid, dann bin ich der schlimmste Mensch, der je auf dieser Welt wandelte."

Die Menschen in den Städten tun so ob alles gut wäre auf dieser Welt. Sie sind die verdammte Masse.

„*Wir Neugeborenen weinen, zu betreten die große Narrenbühne.*"

William Shakespeare

Die Welt ist in einem tiefen Schlaf. Das Mechanische ist die herrschende Religion heute. Diese Religion ist gegen die Lebendigkeit der Blumen und Tiere. Alle lebendigen Zusammenhänge sollen zerstückelt werden. Dies ist auch die Bildung, die in den Schulen vermittelt wird.

Dort sind die Tempel dieser letzten Religion, denn sie wird uns zerstören. Früher waren die Menschen Sklaven, heute sind sie zu Robotern geworden. Bei Sklaven gab es noch eine Lebendigkeit, doch Maschinen können nicht fühlen. Die meisten Menschen haben Hass gegen das Leben, weil sie selbst nicht leben, so möchten sie die Blumen der Erde zerstören, *jene die von der Sanftheit der Seele sprechen.*

> *„Begierde ist die Ursache allen Leidens und Leiden ist die Ursache aller Gewalt. Eliminiert das Leiden, dann verschwindet die Gewalt."*
>
> Neale Donald Walsch

An der Oberfläche der Dinge in der modernen Welt scheint alles sehr schön zu sein. Alle sprechen von Ordnung und Fortschritt. Da ist alles schön, die ganzen Hochhäuser und Betonbauten, die schnellen Automobile. Doch wenn man an dieser Oberfläche ein wenig kratzt, sehen wir all die Destruktivität die dahinter verborgen ist. Die Heuchelei wird sichtbar.

Die Mutter Natur wird verschmutzt. Hinter der glänzenden Fassade der Lebensfreundlichkeit steckt eine tiefe Destruktivität, wo man keine Ehrfurcht vor dem Leben und dem Lebendigen hat. Deswegen sieht man sehr selten Augen, die voller Schönheit sind.

Bei den meisten ist die Seele dunkel. Die Entfremdung hat alles Lebendige zerstört. Alle Arbeit ist mechanisch. Männer lieben ihre Autos mehr als ihre eigenen Eltern oder ihre Frau und Kinder. Man reist nicht um von anderen Kulturen zu lernen, sondern, man möchte die weiße Denkart überall auf der Welt missionieren, damit jeder so unmenschlich wird. Das Habenwollen beherrscht das Denken und Tun des weißen Menschen. Das weiße Denken möchte nicht im Geiste Reich sein, sondern viel haben.

„Eine erwachte Spezies orientiert sich nicht an jenem Konzept, das die Menschen Besitz nennen."

Neale Donald Walsch

Das künstliche Leben hier in Deutschland ist nur eine Flucht vor der Liebe. Der moderne Mensch ist ein Angsthase, er ist gegen die Unsicherheit. Menschen lesen Bücher, *falls sie lesen*, in der Art des Habens, sie wollen nicht wirklich lernen. Man kann dem Leben zugewandt lesen und Nekrophil dem Leben abgewandt lesen.
In den Schulen und Universitäten wird die Nekrophile Art zu lesen gelehrt. Jegliches Wissen getrennt vom Leben. Man kann nur wirklich lesen wenn man eine lebendige Beziehung zum Lesen hat, und wenn in einem Vulkane ausbrechen.

„In einer erwachten Spezies teilen alle mit allen. Menschen im unerwachten Zustand vergiften sich selbst."

Neale Donald Walsch

Nein merkt euch eines, sie kümmern sich nicht um uns. Sie nehmen uns, unsere Kinder so früh wie möglich weg, damit wir ihr unmenschliches System ganz früh lernen. Lasst euch nicht blenden von ihnen, sie geben uns Luxus, doch nehmen uns die Schönheit.
Nein, sie kümmern sich nicht um uns, sie scheren sich nicht um uns.

„Sie geben uns die Ungerechtigkeit, in Armut müssen wir kämpfen, und wenn wir fallen zeigen sie mit dem Finger auf uns."

Sie wollen, dass wir unsere Vernunft verlieren, damit sie uns als Sündenbock sehen können. Doch was sie nicht wissen, wir sind hier um die feinfühlige Moral auszuleben. Wir werden nicht wie sie werden. Sie möchten, dass unser Geist <u>weiß</u> wird. Dieser weiße Geist, ist ganz dunkel. Nein, ihr könnt uns einsperren, diskriminieren. Wir werden nicht wie ihr werden. Wir erleiden Ungerechtigkeiten und leiden, doch wir werden keine weißen Menschen werden. Niemals.

„In einer erwachten Spezies gibt es keine Konkurrenz. Menschen im unerwachten Zustand konkurrieren untereinander."

Neale Donald Walsch

Du liebst sie. Sie machen dich müde. Du bringst Licht, sie schmeißen mit Steinen. Du kommst mit Blumen in der Hand, mit einem Lächeln. Sie vergeben dir nicht deinen sanften Geist. Wir putzen ihre Toiletten, arbeiten in Fabriken, atmen Gift ein, opferten unsere Jugend, trugen sie auf Schultern, seit sechzig Jahren, doch sie legen uns Steine in den Weg. Sie wollen in uns den Kriminellen sehen, nicht den *Künstler*, nicht den *Dichter*. Die Kunst lässt sie rasend werden. Sie können keine *Blumen ausstehen*, vor allem unsere Blumen. Die Rosen des Ostens. In ihrer Welt ist alles Steinhart, genau wie ihre eiskalten Augen.

„Ja, ich fasse nichts an, was nicht alle haben dürfen.“

Burak Tuncel

Alle Menschen halten sich für Gut, wer hat dann die Welt in diese Lage gebracht? Nein, wir Dichter sind nicht Sklaven des Geldes. Wir brennen für die Menschen, für die Tiere, jene die ihr verschlingt. Doch nein, wir werden unsere Werke euch nicht verkaufen, sie haben wir der Ewigkeit versprochen. Wir sind keine Künstler des Staates, keine Hofnarren, wie eure Sportler, die ihre Seelen verkauft haben an den weißen Mann.

"Solange eure Augen nicht voller Dichtung funkeln, eure Sprache nicht Poesiehaft ist, wird es weiter Elend in eurer Welt geben und weitere Pandemien werden folgen."

Burak Tuncel

Die Bäume und Flüsse unsere Geschwister, doch hier Fabriken und Hochhäuser. Einkaufszentren verpesten die Natur und der Blick zum Himmel ist versperrt. *Nein, dies ist der letzte Abschnitt der Menschheit.* Kinder dürfen nicht mehr träumen. Das mechanische Leben wird gelehrt.
Habe Fernweh, weit weg von dieser brutalen Welt, doch komme von hier. Nun wohin? Wir sind Kinder dieses Landes, doch ihr geht mit uns um, als wären wir Stiefkinder. So macht ihr uns zu Waisenkindern und diese wunderschönen Zeilen entstehen. Voller tiefer Traurigkeit und Seligkeit.

„Eine erwachte Spezies erlebt bedingungslose Liebe und bringt diese gegenüber allen zum Ausdruck."
                                    Neale Donald Walsch

Wir waren noch Kinder und wurden geteilt wie Vieh in der Schule. Sie zeigten uns, dass wir nicht dazu gehörten. Wisst ihr, wie sich so etwas anfühlt für ein Kind? Ja, ihr lebt in Prunk, in Saus und Braus. Ihr spaltet die Kinder und verlangt von uns dann, dass wir uns anpassen.

Nein, ihr erschafft Klassen und wir sollen eure Sklaven werden. Der weiße Mann ein gerissener Teufel. Es ist seine Welt, die wir negieren. Die Schönheit der Kinder wird in diesen Werken zur Sprache gebracht. Ihr gebt uns das Gefühl, man gehöre nicht Hier her.

Wieso macht ihr dies? Ihr empfindet Freude im Leid anderer. Der weiße Mann leidet an einem riesigen Minderwertigkeitskomplex, da er nichts Kreatives erschaffen kann.

„Eine erwachte Spezies begreift die Einheit allen Lebens und lebt dementsprechend. Menschen im unerwachten Zustand leugne dieses Einssein oder ignorieren es."

Neale Donald Walsch

Sie senken ihre Augen wenn sie mich beim Dichten sehen. Sie wechseln die Straßenseite. Doch den bösen Menschen machen sie den Hof. Sie sind Götzendiener der Macht. Jene, die sie zu Maschinen machten. So sieht man selten schöne Augen wenn man durch ihr Land läuft, durch deren Straßen, wo es nach Abgasen und Chemie riecht.

Da die Allgemeinheit keinen Schimmer von den Mysterien der Liebe hat, schlägt sie um sich und zerstört die schönen Seelen auf der Welt. Die geistliche Intelligenz sollte nicht dazu benutzt werden um andere zu beherrschen, doch leider ist dies in den meisten Fällen draußen in der Welt der Fall. Ja, die westlichen Kulturen haben die Verbindung zur Natur verloren und hängen an den Göttern des Mammon.

„Es gibt in eurer Spezies nicht genug Leute, denen es ein Anliegen ist, sauberes Wasser für alle verfügbar zu machen. Nur deshalb gibt es das Problem."

Neale Donald Walsch

Wieso entschuldigt sich die Konsumgesellschaft nicht an den Naturvölkern? Ihr Konsum hat die Mutter Natur leiden lassen. Unsere Vorfahren haben im Einklang mit der Natur gelebt, besaßen nur das Nötigste. Schaut euch nun die Welt des weißen Mannes an. Alles im Überfluss auf Kosten der Kinder in den armen Ländern. Frauen und Kinderarbeit klebt an unseren Klamotten, ihr Blut und Schweiß. Im Reichtum des weißen Menschen ist das Recht der Armen enthalten. *Doch alles Leid kehrt zu seinem Verursacher zurück, eines Tages. Ganz gewiss.*

„Aber man muss berücksichtigen, dass wir hier von einer Spezies sprechen, die in jeder Stunde 650 ihrer Kinder verhungern lässt."

Neale Donald Walsch

Liebe Mama, sei bitte nicht besorgt. Dein Sohn tanzt mit den Sternen, weint mit den Bäumen und Flüssen. Die Zeit vergeht, doch ich folge der Göttlichkeit, die mich singen lässt wunderschöne Lieder. Alle sind still und sehen die Misere auf der Welt, doch sie schauen weg. Sie tun als ob alles in Ordnung wäre.

„Jemand auf dieser Welt hätte dies tun müssen, diese Bücher schreiben, das Kreuz der unmenschlichen Gesellschaft auf sich nehmen."

Es war das Los deines Sohnes. Nur der Dichter kann fliegen. Du hast mir das Fliegen gelehrt, *liebste Mama.*
Sie machen sich lustig, doch bald wird ihre Zivilisation für immer untergehen. Dann wird man mich verstehen. In deinem Schoß fühlte ich mich am Wohlsten wenn du an meinen Haaren gestreichelt hast. Das Leben zieht an uns vorbei, lass uns dankbar sein, dass unsere Vorfahren Schamanen waren und du mir diese Kultur beigebracht hast. So wurde ich zum Adam. Der Weg der Natur ist der einzige, den das Leben liebt. Tausende von Liebesgeschichten bescherte uns das Leben, weil wir die Mutter Natur liebten, liebe Mama.

„Ja, es geht einfach darum, dass eine Zivilisation die Bereitschaft entwickelt, den existierenden Wohlstand mit allen zu teilen."

Neale Donald Walsch

Wieso lehrt man nicht die Kunst des Gebens, sondern immer nur des Nehmens. Wieso blicken die Menschen voller Hass in den Städten die Bettler an?

„Wieso werden die Kinder seit Jahrhunderten ausgebeutet? Wieso werden immer nur jene diskriminiert, die an das Leben vertrauen, die schön sind in der Seele?"

Kinder sind reine Unschuld und sie werden mit den Gesetzen der Wirtschaft zerstört. Wie kann man etwas verstehen, ohne es erfahren zu haben? Eure Welt verehrt die Stärke eines Mohammed Ali, sie verehrt die Stärke, die Steine. Doch die Blume ist stärker als der Fels. So lachen die Liebenden am Schönsten. *„Am Ende der Geschicht."*

„Auf einem Planeten, wo in den Restaurants von Paris bis Los Angeles und Tokio täglich mehr Essen auf den Tellern zurückbleibt, als man brauchen würde, um in anderen Regionen ein ganzes Dorf eine Woche lang satt zu bekommen, müsste kein Kind an Hunger sterben."

Neale Donald Walsch

Die Liebenden erschaffen, die Destruktiven töten die Schönheit. Diese Welt ist schön, doch nicht die Welt des weißen Mannes. *Wer nicht im Regen spazieren geht, kann keine wahre Schönheit erfahren.* In eurer Welt zückt man sofort den Regenschirm und verschwindet ins Warme bei Regen. Wie wollt ihr dann von Liebe sprechen? Wie wollt ihr Verständnis für Poesie haben?
Die Universitäten zerstören die Liebe für die Poesie. Sie machen das Leben zur Ware. Es geht nicht um Handlungen, man kann an den Augen eines Menschen sehen ob er poetisches Bewusstsein hat, oder nicht.
Wer einmal Dichtung erfahren hat, wird Niemanden mehr folgen, der Destruktiv ist. Wie können wir alle gleichgestellt sein, wenn Millionen von Menschen verhungern und ihre körperlichen Bedürfnisse nicht befriedigen können? Ist dies fair? Wenn man in Liebe wäre, würde man niemanden verhungern lassen. Doch der weiße Mann und seine Sklaven wissen nicht was Liebe ist.

„Alle monotheistischen, organisierten Religionen dienen dem weißen Mann!"

„Und ich bin kein Philosoph. Behaltet mich als Dichter in Erinnerung. Ich betrachte das Leben als Poesie, als Romanze. Ich möchte, dass ihr alle zu Göttern und Göttinnen werdet."

Osho

Die geistige Verwahrlosung nimmt ihren Lauf. Die Schere zwischen den Armen und Reichen öffnet sich immer mehr, bloßer Kapitalbesitz bringt mehr ein als ehrliche Arbeit.
„Der Markt wird zum neuen Gott." Das Teile und Herrsche Prinzip an allen Ecken zu sehen. Durch Brot und Spiele wird das Volk betäubt. Bei manchen fließt das Wasser von den Wänden, andere haben goldene Wasserhähne. Die Armen sind die Prostituierten und die Reichen die Freier. Rassismus ist eine Frage von Oben und Unten. Sie machen Wohltätigkeitsabende, diese Lügner. Doch keiner von den Hilfebedürftigen darf an ihren Abenden dabei sein.
Sie spenden unser Geld welches sie uns gestohlen hatten, und denken sie wären gute Menschen.
Nein, dieser Ort ist nicht das Land der Denker und Dichter.

„Aber nein, diese so genannten zivilisierten Länder sind so primitiv und barbarisch, wie man sich nur vorstellen kann."

Osho

Der Westen ist zu materiellem Reichtum gelangt, doch er ist müde und verdrossen. Seine ganze Seele ist aufgebraucht. Er hat alles was er zum Leben braucht, *doch er selbst ist nicht mehr da.* Der Luxus ist da, doch der Mensch hier ist bettelarm, verarmt. Schaut wie viel Angst, Schmerz und Anspannung in den westlichen Gesichtern zu finden ist. In ihren Augen sieht man nichts mystisches, nichts Dichterisches.

„Es dauerte zwölf Tage, bis ich in Portland ankam, und sie schleppten mich von Gefängnis zu Gefängnis. In den zwölf Tagen hat man mich in sechs Gefängnisse verschleppt."

Osho

Ihr vermischt Religion sogar mit dem dreckigen Dollar. Für Geld habt ihr Gott verschmutzt. Auf jeder Dollarnote steht eine Lüge. Ihr vertraut nicht auf Gott, sonst würden keine Tiere geschlachtet werden oder Kinder verhungern.

Das dunkle Schicksal

„Alles wird in der Konsumhaltung ausgeübt."

Erich Fromm

Wieso geht es den schlechten Menschen so gut und den guten Menschen so schlecht?
Die Schlechten werden belohnt mit Geld und Prunk. Schaut euch
eure Profi Sportler an. Sie essen gerne Fleisch und konsumieren die
Erde zu Ende. Je schlechter das Energiefeld und keine Liebe, dort
werden Kinder geboren die das dunkle Schicksal weiter tragen. Der
Mensch ist ein Monster und jene die keine sind, dies sind die
Ausnahmen. Schaut euch nur an wie die Menschen mit den Tieren
umgehen. Milliarden Tiere werden jedes Jahr geschlachtet um
gefressen zu werden. In ihrem Genuss sieht man das Böse. Kälber
werden umgebracht, doch wenn man sich ihren eigenen Kindern
nähert, dann bekommen sie Angst. Durch das Fleischessen nehmen
die Menschen sehr viel Leid auf sich und dies wird zu ihnen zurück
finden.
Der Trieb steht bei allem im Vordergrund. Die Befriedigung der
Triebe, ist die regierende Religion. Dies ist die Beschreibung eines
Monsters.

„Ihr haltet es mit euch selber nicht aus und liebt euch nicht genug."

Friedrich Nietzsche

Alles Gute wird in das Gegenteil heute verkehrt. Das Schöne wird als Böse gesehen und das Böse tarnt sich in den guten Kleidern. Die Menschheit stimmt zu, den heutigen elenden Verhältnissen.

Das Volk zieht in den Krieg, nicht die Kaiser, Könige oder Politiker. Es geht immer nur ums Erobern und Besitzen.

„Die Gefahr des neunzehnten Jahrhunderts hätte sein können, dass wir zu Sklaven geworden wären. Die Gefahr von heute ist, dass wir zu Robotern oder Automaten werden."

Erich Fromm

Der Vatikan ist der Nachfolger des römischen Reiches. *All die monotheistischen Religionen werden vom Vatikan regiert.* Sie haben nur verschiedene Gotteshäuser, und verschiedene Gewänder. *Doch die Imame, Rabbiner und Priester, sie alle dienen dem Vatikan.* Alle Religionen sind dem Vatikan unterstellt. Diese Herrscher wissen wie das Spiel läuft. Sie beschimpfen sich gegenseitig vor den Kameras, doch oben arbeiten sie alle zusammen. So spalten sie die Menschen. Der Vatikan hat die indigenen Völker umgebracht im Namen der Religionen. Der weiße Mann ist das Abbild des Vatikans. Wieso gehen sonst alle Politiker nach Rom um sich segnen zu lassen?

Die Muslime, Christen und Juden gehören der Religion des Vatikans an.

„Wie aber sieht die anonyme Autorität dieses Jahrhunderts aus? Sie ist der Markt."

Erich Fromm

Menschen reden wie Roboter. Sie spulen gewisse Programme ab. Die Mehrheit der Menschen kann nicht aufwachen. Sie müssen erst Leid erfahren damit sie eines Tages zur Göttlichkeit finden. Sie haben keine Seele.

So braucht man keine Angst vor der Hölle im Jenseits zu haben, wir leben bereits hier in der Hölle. Menschen haben keine Demut gegenüber den anderen Lebewesen.

Es schmerzt dies alles jeden Tag mit zu Erleben. Den guten Lebewesen geht es deswegen so schlecht, weil sie erkennen, dass die Menschen diese Welt zu einer Hölle gemacht haben.

Die guten Menschen verzweifeln an der Brutalität der anderen Menschen.

„Sie lässt regnen auf Gerechte und Ungerechte.“

Neale Donald Walsch

Die Menschen sind hier um sich zu entwickeln und die Mutter Erde gibt uns Gelegenheit dazu, doch wieso nutzen die meisten diese Gelegenheit nicht? Doch die Erde wird sich entleeren. Denn die Last ist nun viel zu schwer. Es wird eine ganz harte Zeit auf die Menschheit warten, in naher Zukunft, in den nächsten Jahren.
Die zarten Seelen werden am meisten leiden, da sie ansehen müssen, was auf der Welt passiert. Es werden viele kleine Kriege ausbrechen. Dieses Chaos ist nicht mehr aufzuhalten, da die Masse ein Teil von ihr ist.
Die Welt wird nie mehr so sein wie sie mal war. Kontrolle und Überwachung wird überall die Menschen in Ketten legen.
Menschen werden freiwillig Gifte zu sich nehmen. Die Masse mag die Dunkelheit erfahren. So soll sie diese Welt bekommen. Doch je höher eine Seele beseelt ist, umso mehr wird er leiden, weil er all diese Dramen sehen muss. Die Sintflut ist sehr nah.
Das Wort der Dichter wurde nicht erhört. Es kann auf einer zerstörten Erde nun, keine schöne Welt entstehen. Dies wäre gegen die Gesetze des Lebens.

„Wer immer glaubt, einen anderen Menschen zu lieben, aber nicht das Leben liebt, der mag sehnsüchtig einem anderen Menschen anhängen, doch lieben tut er ihn nicht."

Erich Fromm

Doch alles dient der Entwicklung des Menschen, des freien Willen. Die Menschen möchten Böse sein und dann wird sie ihre Wirkung bekommen. All das Leid der getöteten Tiere spielt die größte Rolle. Weil die Menschen die Tiere schlachten bildet sich eine hohe Leidenergie und dieses Leid wird zu den Verursachern zurück finden. Dies ist ein universelles Gesetz. Das Blut der Tiere, welches in die Erde geht.

„*Wir sind so unsensibel geworden, dass wir unser Frühstück genießen können, während wir in der Zeitung lesen, wie viele Männer, Frauen und Kinder getötet oder zu Krüppeln gemacht werden.*"

Erich Fromm

Wie soll man in dieser Welt nicht verrückt werden, wenn man das Leid der Tiere jeden Tag spürt, ihre Angst, ihr Schreien. Skrupellos ist der Mensch, er tötet die Tiere oder er lässt sie töten. Er ist ein Auftragsmörder und diese Erziehung gibt er seinen Kindern weiter. *Die Tiere opfern sich für die Menschen, damit die Menschen das Lieben lernen, doch sie lernen diese Lektionen nicht.*
Ihr Trieb und ihr Genuss sind ihnen die größten Götter.
Früher konnten die Menschen mit den Tieren reden, heute haben die Tiere Angst vor den Menschen. Die Raubtiere wurden von den Menschen erschaffen, sie haben sich nur dem Menschen angepasst. *Die Tiere sind hier um den Menschen das lieben zu lehren.* Doch Mitgefühl ist eine Fremdsprache hier in Deutschland. Gott hat die Tiere geschickt um die Liebe zu lehren, doch die Menschen sind gegen Gott, gegen das Schöne.
Allein der Gedanke an all das Tierleid zerstört meinen Geist.
Ich kann nicht mehr die Wohnung verlassen, es schmerzt.

„Die Unmenschlichkeit die einem anderen angetan wird, zerstört die Menschlichkeit in mir."

Immanuel Kant

Es heißt, die Geschichte wiederholt sich. Es ist jedoch nicht die Geschichte, sondern das Unbewusste im Menschen. Es ist die Blindheit des Menschen. Ich mache denen die mich aus meiner Heimat vertrieben haben keinen Vorwurf.(aus Deutschland)
Es ist ihr Weltbild, welches sie nur bedienten.
Ihr Weltbild hat Hiroshima und Nagasaki zerstört, hat im Irak die schönsten Blumen getötet. Ihre Wissenschaft, die sie in den Schulen lernen, tötet die Geheimnisse der Natur. Die Geschichte wird ihre Destruktivität in den Büchern schreiben. Die Wissenschaftler und Universitäten arbeiten immer unter einer Regierung.

„Der Unternehmer, der mit der Kündigung droht, der Lehrer, der seine Schüler zur Übernahme seiner Ansichten zwingt und ihnen schlechte Noten gibt, wenn sie dazu nicht bereit sind. Sie alle wenden Gewalt an, ob sie sich dessen bewusst sind oder nicht."

Erich Fromm

In dieser Welt wird immer die Schönheit angegriffen. Die Hässlichkeit, die Macht wird angebetet. Die Ekstase, die Dichtung ist fremd ihren Welten. Es ist gefährlich als Liebender unter dieser Masse in Deutschland zu leben. Sie werden versuchen euren Tanz zu verbieten. *Du darfst nicht auf ihre Welt losgelassen werden.* Der liebende Mensch ist gefährlich. Seine Schuld ist es Blumen und Tiere zu lieben.

„Wie kann es sein, dass der Mensch sich mehr vom Leblosen und Toten angezogen fühlt als vom Leben und Lebendigen?

Erich Fromm

Wenn die Menschen besitzen Welches sie wollen, sind sie glücklich. Es geht nur um das Haben. Es gibt keine Zufriedenheit, immer mehr und mehr, bis der Geist verwest.
Wieso werden die Menschen nicht vom Lebendigen angezogen? Wieso verachtet man die Blumen und verehrt die Steine? Die Gesellschaft fördert nicht das Wachstum der Blumen. Die Lust an der Zerstörung lässt falsche Orgasmen entstehen auf den Straßen und im Berufsleben. Destruktivität ist das Ergebnis ungelebten Lebens. *Bürokratisch wird alles Destruktive heute geregelt.*
Die Bürokraten sind gegen die Schönheit. Die Gleichgültigkeit gegenüber dem Leben hat die Menschheit zerstört. Für den weißen Mann und seine Gesellschaften sind das Prinzip der Gewalt etwas so Natürliches und Selbstverständliches, das sie gar nicht besonders auffallen.

„Der Liebende verwandelt sich ständig, in jedem neuen Moment. Wer sich zur Liebe entschließt braucht den Mut, Enttäuschung auszuhalten und trotz Rückschlägen geduldig zu bleiben."

Erich Fromm

An der Haut und an ihren Augen kann ich sehen, die Masse trägt keine Liebe in sich. Ihr Gesichtsausdruck verrät ihr Inneres. Liebende Menschen würden sich nicht wie diese Roboter bewegen. Sie sind Liebhaber des Toten. Deswegen lieben sie Alkohol und Drogen. Es ist die Dunkelheit ihres Geistes, welches die Betäubung anzieht.

Das Sein wird verstoßen, das Haben ist ihr Gott. Doch, sie wissen nicht. Dinge können nicht lieben, weder einen Menschen noch das Leben. Die technischen Wunder zerstören die Schönheit des Göttlichen. Das Leiden führte zur Evolution des Lebens, doch heute erleben wir die Gleichgültigkeit. Deshalb ist das Ende ganz nah.

Geiz und Horten hat alles zerstört. Der egozentrische Individualismus hat es geschafft, die Blumen zu zerstören.

„Das Herz hat seine Gründe, die die Vernunft nicht kennt."

Erich Fromm

Die Anbetung der Dinge bildet heute die höchste Religion. Der Mensch hat sich in ein Ding verwandelt, deshalb ist seine Zivilisation schwer erkrankt. Der heutige Mensch muss Geld ausgeben und konsumieren, kaufen und verbrauchen. *Das Konsumieren ist die größte Tugend.* Alles wird verbraucht.
Wie können Menschen glücklich werden, wenn sie verbraucht werden, sich gegenseitig Verbrauchen? Die Dinge beherrschen den Menschen.
Der Westen, der weiße Mann ist überall. Er hat die Welt verschmutzt und verpestet. Der Westen, der weiße Mann ist eine Geisteshaltung. Es ist eine Ideologie. Im Namen der Modernität tötet sie die alten Kulturen der Naturvölker. Das kulturelle Hiroshima findet heutzutage auf diese Art und Weise statt. Solange *das weiße Mann Denken* diese Welt regiert, wird das Elend und Tragödie sich fortsetzen.

„Es gäbe keine Konkurrenz und Nationalitäten. Aber weil wir nicht lieben, haben wir zugelassen, dass all das entstanden ist."

Jiddu Krishnamurti

Liebste Geliebte,

jeden Morgen, der erste Gedanke, dein schönes Antlitz. Jeden Morgen mache ich mich auf zur Hoffnung, zu einer schönen Welt. Doch an jeder Ecke stehen seelenlose Menschen. *Fern ab ziehen möchte ich, schreien vermag ich.*
Ein Seelenloser geht, der nächste kommt schon bald. Lügnerische Gesichter, jeden Tag das gleiche Elend mit den Menschen. Müde wird das Herz von diesem Anblick. *Ich schäme mich für sie, doch sie machen weiter wie gewohnt.* Kaufen möchten sie alles, besitzen und dominieren.
So schreibe ich mein eigenes Schicksal in diesen Werken. Genug hat das Herz von ihrer Welt. Wie eine alte Schalplatte spielen sie jeden Tag die gleiche Musik. Liebste Geliebte, dein Gesicht soll stets strahlen. Hier geboren, hier zuhause. Doch bald wird man uns von hier vertreiben, mein schönster Engel.
Hier bleiben ist nicht möglich, lieber im Exil einsam zugrunde gehen, als von ihren Gesetzen und kalten Gesichtern erniedrigt und zermalmt zu werden. Wir pflanzten Blumen obwohl sie uns in Müllhalden sperrten. Wir sangen die schönsten Lieder der Ewigkeit. Viel Geduld hatte ich mit dem weißen Mann, vielleicht möge er sich doch ändern. Doch dies wird nicht mehr geschehen. Das Ende des Abendlandes sehr nah. So ziehe ich davon, wir dürfen uns nicht lieben. *Die Menschen haben Nationen und Religionen erschaffen um die Liebe zu zerstören, um die Liebenden zu trennen.*

77

„Je mehr Soldaten, Polizisten und Rechtsanwälte es gibt, desto offensichtlicher ist der gesellschaftliche Niedergang. Diese Entwicklung kann man heute überall auf der Welt beobachten. Es gibt immer mehr Soldaten, Polizisten und Rechtsanwälte, und die Unternehmer arbeiten natürlich mit ihnen zusammen.“

Jiddu Krishnahmurti

So lasse ich zurück diese Bücher zum Abschied, mehr besitze ich nicht. Die Sexualität wurde in dieser Welt verkauft, sehr günstig ist sie zu haben. *Wo sind die schönen Werte hin?*
Der kulturelle Imperialismus vergiftete die Seelen. Wir leben in einem kalten Zeitalter. In keiner Epoche zuvor herrschte eine solche Grobheit und materielle Orientierung unter den Menschen wie heute. Die feine Wahrnehmung scheint selten zu sein.
Menschen geraten vom Regen in die Traufe. Ach, wenn sie es doch nur einsehen könnten, doch sie machen weiter in aller Härte und halten am Groben fest. Sie sind zu Felsen geworden, und stellen sich dem Weg des Wassers in den Weg. Der Mensch ist ein Gefangener auf Erden. Sein Körper und sein Verstand sind sein Gefängnis. Wo käufliche Freuden sind, da ist keine Liebe.

„Sie wollen mehr Luxus und Komfort, eine höhere Stellung und Autorität, und deshalb schaffen und unterstützen Sie unweigerlich eine Gesellschaft, die Leid und Zerstörung über die Menschheit, über Sie selbst bringt."

Jiddu Krishnamurti

Der Körper Gottes ist die Mutter Natur. *Liebe bedeutet von seinem liebsten Besitz alles abzugeben, zu teilen.* Wissen ist nutzlos, solange keine Liebe inne wohnt. Ja, den Liebenden bleibt Ärger nicht erspart in dieser Welt. Die Liebenden fiebern vor Liebe doch die Gesellschaft mag sich nicht daran erwärmen. Sie gehorcht lieber den machthungrigen Menschen. *Ja, arm sind wir gekommen, arm werden wir gehen von dieser Welt, doch die Lieder der Liebenden bleiben, stets für immer.* Jene die im Überfluss leben haben die Not der Hungernden erschaffen. In ihrem Wohlstand ist das Recht der Armen beherbergt.

„Diejenigen, die die Liebe nicht zu ihren Jüngern erkor, können ihre Sprache nicht verstehen, und für sie ist diese Geschichte nicht geschrieben."

Khalil Gibran

Den Verstand verloren in ihrer Welt. Doch dies bedeutete echte Gesundheit. Wie kann der Geist Heilung finden in einer so barbarischen Welt? *Eure Welt ist eine Hölle für die zarten Wesen.*
Dort kommen nur jene zurecht, die keine Seele mehr haben. Die zarten Blumen werden gekreuzigt in eurer Welt. Die Hoheit ihres Geistes stellt eine Bedrohung für die habgierige Gesellschaft.
Die Masse kann es nicht ertragen, so müssen die schönsten Blumen vernichtet werden. Denn das Gefühl der Unterlegenheit ist ihnen ein Dorn in deren Augen. Sie kommen sich vor wie Zwerge.
Sie haben Angst vor einem poetischeren und schöneren Dasein.

„Diejenigen, denen die Liebe keine Flügel verlieh, werden nicht imstande sein, über die Wolken zu fliegen, um in diese Zauberwelt zu schauen, in der mein und Salmas Geist in dieser Stunde schweben."

Khalil Gibran, Gebrochene Flügel

Nach unserem Tode werden sie uns zu großen Legenden machen, *doch während wir Lebten machten sie uns das Leben so schwer wie möglich.* Denn unsere Bücher zu lesen ist riskant, man wird ausgeschlossen von der Herde.

Demütig und Arm unser Stift, er ist bereit, mit jedem zu teilen. Er fragt nicht ob man es Verdiene oder nicht.

Oh du Einsamkeit aller Schenkenden, so verlor ich mein Herz in Dir. Es ist die dunkle Seele der Nacht welches um das selige Schenken weiß.

Nach Rede verlangt mein schenkendes Herz.

„Die kummervolle Seele findet ja nur in der Einsamkeit Ruhe und Trost. Sie meidet die Menschen und hält es wie die verwundete Gazelle, die sich von ihrer Gruppe absondert und sich in eine Höhle zurückzieht, bis ihre Wunde heilt oder sie daran zugrunde geht."

Khalil Gibran

Habt ihr von der Lotusblume gehört?
Sie ging hervor aus dem Schlamm. Niemand kümmerte sich um diese Blume, doch er schrieb die schönsten Dichtungen. Er schrieb in jungen Jahren und ging Zugrunde an der Ignoranz der Gesellschaft, welche er bewohnte. Er weinte in seiner armen Dichterstube, doch niemand kam vorbei und kümmerte sich um ihn.
Er war das Salz dieser Erde.

„Jede Zivilisation kann leicht und problemlos ein System schaffen, das es der Gesellschaft ermöglicht, die Bedürfnisse von Individuen und Gruppen zu erfüllen, ohne dass die Mitglieder dieser Gesellschaft ihre Seele verkaufen und ihre Träume opfern müssen, um zu überleben."

Neale Donald Walsch

Ich besitze kein Hab und Gut. Doch träume von schönen Tagen.

„Ja, auch ich beging viele Fehler."

Ich wünschte, du würdest sehen, wie sehr ich mich um dich Sorge. Es ist vielleicht nicht womöglich die Art wie du es magst oder gewohnt bist, doch für mich bedeutet es mein ganzes Leben. So weck mich, wenn all dieser Alptraum vorbei, denn die Menschheit befindet sich in der schlimmsten Sklaverei.

„Euer ständiger Konkurrenzkampf wird enden, wenn ihr Wege findet, alles miteinander zu teilen, was geteilt werden kann, einschließlich aller Ressourcen eures Planeten und all der faszinierenden Wunder eurer Wissenschaft, Technologie und Medizin."

Neale Donald Walsch

Geliebter Dichter,

ihre Ordnung ist dazu da, den Menschen das Herz zu brechen. Sie schickten dich ins Exil, in deine arme Stube. Sie ordneten an, die Liebenden leiden zu lassen. Sie stellen eine Gefahr für sie dar.

Sie ignorierten dich und ließen dich in Armut zurück, damit du zerbrechen solltest. Sie schauten zu wie du innerlich zugrunde gingst. So hebe dein Haupt, du bist Stark.

Wie hättest du sonst all diese Bücher schreiben können? So lebtest du lieber in Armut, als dass sie deine Seele bekamen. Sie können deinem Körper Schmerzen zufügen, doch nicht deinem Geist erhabener Dichter aller Dichter.

Du hast triumphiert über sie, *so erhebe dein Haupt.*

Rosarote Wangen

„Die Mysterien des Lebens lassen sich mit dem begrenzten menschlichen Bewusstsein nicht vollständig begreifen, und so eine junge Spezies wie ihr verfügt einfach noch nicht über das vollständige Wissen."

Neale Donald Walsch

All das Leben von ihr geträumt, nun gefunden. Rosarotes Haar, glänzende Wangen. Nun, habe ich sie gefunden, sie sollte Doch Mein sein. Doch, Zweifel in mir. Sie ist all, Welches ich wünschte.

So denke ich mir, was kann ich ihr denn bieten? Tränen benetzen die Wangen. So schaue ich sie voller Desinteresse an, ihr soll es gut gehen. Mit mir hätte sie kein schönes Leben.

Sie ist so wunderschön, doch die Liebe darf nicht Egoistisch sein.

Ich habe ihr nichts zu bieten, welches die Welt anbetet. Was könnte ich ihr denn nur bieten? Die Taschen sind leer dieses Dichters.

In dieser Welt kaufen sich die Menschen mit Geld ihre Lieben.

„Niemals würde ein hoch entwickeltes Wesen von anderen etwas verlangen oder gar versuchen, ihnen etwas aufzuzwingen."

Neale Donald Walsch

Der egozentrische Individualismus regiert und wird gepredigt in der Schule. Wie soll nun entstehen eine schöne Welt? So etwas ist nicht möglich, es wäre gegen die Gesetze der Physik.
Die anonyme Autorität ist heute der Markt. Falls der Mensch sich nicht unterordnet diesen Gesetzen, wird er eliminiert.
Um der Autorität der Gesellschaft willen sehe ich, wie etliche Beethovens und Einsteins zugrunde gehen. Mitten von Sadisten zu leben ist ein grausames Schicksal. Menschen benutzen ihre Macht um andere Wesen zu Unterworfenen zu machen. Das Herz bekommt keine Luft bei diesen Bildern. Ihr glaubt eure Gesellschaft wäre von Liebe erfüllt?
Doch meine Werke entpuppen eure Illusionen. Die gut angepassten Menschen und ihre Normalität schmerzt zu sehen. Ihr wahres Selbst wurde von den barbarischen Gesetzen des Marktes eingetauscht. Sie haben ihre Seele für ein wenig Futter verkauft.

„Sing leise, oh Vogel. Die Ohren des Geliebten sind so empfindlich."

Sadi

Unsere Freizeit heute ist zum großen Teil nur ein Erholen von der monotonen Zwangsarbeit durch vollkommene Faulheit. Oder durch die Illusion der Macht, in dem man sich in ein Auto setzt und dann losfährt und man sich einbildet man wäre sehr potent und mächtig weil man viele Pferdekräfte hat. Nichts führt von dem zur Entfaltung der inneren Kräfte.

Monoton die Wirtschaft, wo es nur um größere Produktion geht, und nicht um die Entfaltung des Menschen. Die Welt ist kein Wunder mehr in den gewöhnlichen Augen. Sie hat das Kindliche verloren. Im Westen sind die Menschen immer beschäftigt, jedoch ohne Lebendigkeit. Ungeduld und Oberflächlichkeit regieren. Alles was die Menschen sind ist, alles was sie haben. Nimmt man es ihnen weg, haben sie nichts mehr, da sie keine Schönheit innerlich haben.

Der Konsum bestimmt ihr Leben. Heute bedeutet Gleichheit, dass man sich nicht von der Herde unterscheiden darf. So kann keine Kreativität geschaffen werden. Die meisten Menschen sterben bevor sie geboren werden.

„Meine Leila muss man mit meinen Augen anschauen. Wenn du sehen willst, wie wunderschön sie ist, musst du dir meine Augen leihen."

Mecnun

Die totale Zerstörung des Lebens steht Bevor und trotz Dessen unternehmen die Menschen kaum etwas. Das einzige was sie machen, sich um ihre eigene Herde zu kümmern, nur um ihre eigene Familie. Ihr möchtet den einfachen Weg gehen, ein Aspirin und all Leiden der Welt soll fort gehen.

Wir sind Entfremdet der Natur und der Mensch hat die Natur erobert. Die Selbstsucht hat uns ans Ende der Menschheit gebracht. Destruktivität und Lebenshass sind die geführten Säulen, wie könnte man sonst die Natur und die Tiere so grausam zerstören. Das Mechanische wird in Kaufhäusern angebetet. Dies sind die Tempel von heute. Man identifiziert sich mit seinem Besitz.

Der Wert des Menschen in eurer Welt wird daran gemessen wie seine ökonomische Situation ist. Von brutaler Nichtachtung gegen die Armen und Gehorsam zu den Vorgesetzten und Reichen.

„So läuft euer Alltag."

88

„Die Schönen hinterließen schriftliche Werke, die in vielfältiger Form neue Ideen ins kulturelle Bewusstsein einführten. Mithilfe von Romanen, Gedichten, Theaterstücken und anderen Texten verbreiteten sie Wahrheiten von großer Bedeutung."

Neale Donald Walsch

Jener der die Wahrheit und Schönheit erfahren hat, muss davon nicht groß Reden. Je weniger davon wisse, umso schöner. Die eigene Freude ist die größte Belohnung. Nur in einem stillen Geist, kann Schönheit sich entfalten. Hinter jeder Regung der Menschen richtet sich auf etwas, bewusst oder unbewusst. Jede Bewegung und Geste sagt etwas über einen Menschen. Sein Reden ist Nebensache. Ohne Worte verstehen wir Liebenden was andere Menschen zu sagen haben.
Meditation bedeutet nicht die Augen zu schließen und sich niederzusetzen. Der Mensch von heute verbringt sein ganzes Leben zumeist in einer künstlich erzeugten Welt und hat selten Gelegenheit mit der Natur eins zu werden.
Der Tanz der Seele lässt Dichtungen singen und schreiben.
Wahre Schönheit beruht jenseits allen Wissens. Die Dichtungen von Rumi haben achthundert Jahre überlebt, weil sie aus einer anderen Quelle kamen. Die Menschen heute sind verwirrt. Sie denken sie machen Fortschritte, doch laufen sie rückwärts gegen das Leben. Die Seele verhungert. Wer etwas Begriffen hat, wer die Liebe erfahren hat, braucht keine Diskussionen mehr.

„Wenn du den Buddha die Straße hinuntergehen siehst, lauf weg."

Neale Donald Walsch

Grob sehe ich eure Körpersprachen, sie sind nicht fein und zart. Euer Gang ist starr und voller Härte. Euer Reden und euer Sprachgebrauch voller Starre. Je grober ein Mensch, so weniger Gewissen hat er.

„Doch wenn der Mensch nur wüsste, dass all seine Grobheiten zu ihm zurück finden, eines Tages, wenn er doch nur wüsste?"

Die Erwiderung des Lebens erfolgt nicht sofort, doch es kommt eines Tages zu seiner Handlung zurück. Der Koran ist das Buch der Natur. Sie redet stets von der Mutter Natur. Wenn man einen Gottesbeweis wünsche, so schaue man in die Natur, sagt der Koran. Wenn man Sensibel gegenüber dem Leben ist, weicht man von der Norm ab, und die Ärzte von heute stempeln jene als Neurotisch erkrankt ab. *Die Herzlosen werden als gesund eingestuft.* Jene, die ihre Feinfühligkeit nicht abgeben wollen, werden in Nervenastalten gesteckt und mit Medikamenten wird die Seele zerstört. Das Ziel ist totale Anpassung an eine barbarische Gesellschaft voller Wettbewerb.

„Ich habe die schönsten Blumen anzubieten. Ist denn niemand verwirrt, verrückt genug um an diesen schönen Blumen zu riechen?"

Burak Tuncel

Nein, nein, nein, ich negierte eure Welt, wir negierten eure Werte. Welch eine Welt habt ihr nur errichtet? Ganz lange Gesichter, die Folge auf den Straßen, kein Strahlen in den Augen der Menschen zu sehen. Soll ich sie Menschen nennen? Wäre dies nicht unfair? Kreaturen, die sich geistig nicht entwickeln, dürfte man nicht Menschen nennen. Sobald ich auf die Straße gehe, fängt es an zu schmerzen, welch eine kalte Welt, welch kalte Menschen. Keiner macht einen Schritt ohne davon Profit zu erwarten.

„Mit mir muss etwas nicht stimmen."

Ich möchte austheilen und geben, alles was ich noch besitze, möchte von meinem Leben geben. Deswegen bin ich ihnen eine Gefahr. Ihr Geist stinkt und ist habgierig, sie möchten nichts vom Theilen wissen.

„Doch macht so weiter in der Seele verkommene Kreaturen."

Bald wird das Grab kommen, bis dahin könnt ihr eure sinnlose Zeit noch verschwenden um das Horten von Dingen und Geld. Bald werdet ihr wissen, nach dem Tode wird man euch fragen, habt ihr denn nicht die Hungernden und frierenden Kinder gesehen? Wieso habt ihr nichts unternommen?

Ihr habt gelebt in der Fülle der Dinge. Ihr habt ausgebeutet, deswegen habt ihr diesen Reichtum erlangt. Es war das Recht der Armen, jene die ihr ausgebeutet habt und ihr wolltet nicht deren Recht geben. Gott prüfte euch, doch ihr habt versagt, wohin nun mit euch? Ihr Wohlhabenden Menschen werdet kein schönes Ende haben ob in diesen oder anderen Welten.

Ich hatte euch einen Dichter gesandt, er verkündete euch die Liebe, doch ihr habt ihn verhöhnt und damit habt ihr den Schöpfer traurig gemacht. Des Dichters Tränen weil ihr ihn verletzt und gekreuzigt habt macht das Leben traurig. Das Karma wird folgen und es wird für immer Abend im Abendland werden.

„Die Menschen hätten keine Angst mehr, wenn sie den Hunger nicht mehr zu befürchten brauchten."

Erich Fromm

Alle Menschen und Tiere haben das Recht auf Leben, Nahrung und Unterkunft, auf medizinische Versorgung, Bildung usw.

„Es ist ein angeborenes Recht, ohne dafür arbeiten zu müssen."

Es ist das Recht des Lebens, der Mutter Natur, jene die für uns sorgt. Nur wenn diese Bedürfnisse befriedigt sind, kann man sich mit den Fragen des Lebens beschäftigen.

Deswegen halten sie die Menschen hungrig und arm, damit sie nichts hinterfragen, wie ihr barbarisches Werk funktioniert. Doch der Mensch im Westen hat sich in einen Homo Consumens verwandelt. Er ist unersättlich und passiv und füllt seine innere Leere mit stetig wachsendem Konsum.

Dabei übersieht er, dass sein Überfluss den Armen gehört. Der Mensch macht den Anschein, als sei er aktiv im Inneren, doch sein Leben ist erfüllt von Habgier und Angst.

„Die Produktion von zu vielen nützlichen Waren führt zur Schöpfung von zu vielen nutzlosen Menschen."

Karl Marx

Der heutige Mensch hat einen grenzenlosen Hunger nach immer mehr Konsum. Seine Gier kennt keine Grenzen. Der Gierige wird immer Mangel erleiden, deswegen sieht man hier in Deutschland wenige Menschen die ein schönes Herz haben. Konkurrenzdenken hat die Schönheit im Herzen vernichtet, sie wird in Schulen unterrichtet.
Die Durchschnittsmenschen möchten immer mehr haben, deswegen vermögen sie nicht die liebenden Dichter zu verstehen. Ihr Herz ist eiskalt. Bei euch gilt nur, wer arbeitet soll Essen. Doch alle Menschen haben Anspruch auf Nahrung auch wenn er nichts dafür tun mag. Alles gehört dem Herrn.
Nichts gehört euch.

„Die Erde wird meine Bilder verstehen, und ob ihr sie versteht oder nicht, ist mir egal."

Vincent Van Gogh

Wir leben in einem neuen Mittelalter der Unfreiheit. Überall liegen wir äußeren Autoritäten zu Füßen. Passive Aktivität scheint der Lebensstil dieses Zeitalters zu sein.

Jeder möchte nur nehmen, die Liebenden werden ins Exil geschickt. Diese Kultur möchte nicht, dass Menschen ihr Potenzial völlig ausschöpfen. Sie sollen auswendig Lernen und Arbeiten, in den Urlaub fahren, doch nichts hinterfragen, und zu ihrem schönsten Wesen im Geiste finden.

Der moderne, unmoderne Mensch möchte nur nehmen, geliebt werden. Er kennt den Akt des Liebens nicht oder zur Liebe zu werden. Deswegen gilt das Kaufen und Konsumieren als Heilig in dieser Gesellschaft. Dies darf man nicht anzweifeln. Belohnung und Strafe, Brot und Spiele, ist die herrschende Norm bei euch. Mit euch meine ich die sadistischen Geister, die sich um Macht und Ruhm rühren, jene die habgierig sind, die der Welt und dem Gedankensystem des weißen Mannes folgen. Ob ihr nun aktiv unterdrückt oder nur Zuschauer seid.

Der Zuschauer ist sogar noch gefährlicher, da er alles sieht und sich der Autorität beugt.

„Ihr seid jene, die mit Eifer suchen, was Leiden schafft."

„Der ängstliche, entfremdete Mensch muss auf der einen Seite zwanghaft konsumieren, weil er ängstlich ist, denn der immer mehr wachsende Konsum regiert in der westlichen Welt."

Erich Fromm

Entweder wird man ein liebender der Kunst oder man bleibt Materialist. Beides zugleich kann man nicht sein.
Die Staaten müssen Künstler fördern und deswegen hat jeder ein Anspruch auf ein Grundeinkommen, da erst wenn die Grundbedürfnisse gedeckt sind, Menschen anfangen können in Ruhe zu denken.
Doch dies möchte die Herde nicht. Man soll wie Roboter arbeiten und das kritische Denken soll fern bleiben. Jeder Baum sehnt sich an den Tag, wo er Früchte gibt, so sollten Menschen sich sehnen an eine Sehnsucht nach den unsterblichen Künsten.

„Die innere Leere, diese innere Angst wird also symbolisch durch zwanghaftes Konsumieren geheilt. Der Mensch fühlt sich leer, so füllt er sich mit Dingen, die von außen kommen umso das Gefühl der inneren Leere und der inneren Schwäche zu überwinden."

Erich Fromm

Viele Menschen leben, doch besitzen kein *dichterisches Dasein*. Die meisten Menschen denken und fühlen nicht. Sie sind zu sehr beschäftigt mit ihrem Ego. Ihre Seele hat keine Poesie auszudrücken. Wir sehen in der Welt viele Menschen die im materiellen Weg viel Erfolg haben, doch schaut man in ihre Augen und in ihre Seelen, *sieht man nur Starre und kalte Blicke.*

Nur der Bauer, der einfache Mensch kann Gedichte schreiben. Den Intellektuellen und den Materialisten bleibt verborgen dieses Geheimnis in diesem Leben. Denn der Dichter ist das Gegenteil vom Materialisten, vom weißen Menschen. Dichter haben Schönheit in ihrer Feder und im Herzen. Denn falls er nicht Trunken von Schönheit wäre, könnt er nicht schöpferisch sein.

„Nun kann man sagen, dass dieser ängstliche, gelangweilte, entfremdete Mensch seine Angst kompensiert durch zwanghaftes Konsumieren, das von niemandem als allgemeine Krankheit oder genauer als ein Symptom der Pathologie der Normalität empfunden wird.“

Erich Fromm

Wer nach Luxus und Konformität strebt, kann kein Dichter werden. Erst das Brennen im Leid lässt Lieder der Poesie entstehen. In jedem Schritt werden Dichter verfolgt von der Herde, die jenes wunderschöne Dasein nicht ertragen kann.

Des Dichters Tränen über diese Kreaturen sind heilig. Doch nach einer gewissen Zeit um die Trauer der Dummheit der Menschen, kommt in ihm ein schönes Lächeln hervor. Deswegen kann man Dichter nicht bezwingen in dieser oder in einer anderen Welt, denn sie ernähren sich von erhabener Schönheit, von unbekannten Quellen, wo der Durchschnittsmensch keinen Zutritt hat.

Wer nur nach Profit strebt, kann Dichter nicht verstehen. Alle Propheten waren Dichter. Sie redeten in Gleichnissen und Metaphern.

„Der Mensch ist ein homo consumens geworden, ein totaler Konsument, und dieses Menschenbild hat den Charakter einer neuen Religion."

Erich Fromm

Der Dichter sieht in allen Facetten des Lebens, die Geliebte, die Braut seines Lebens. *Die heilige Geliebte ist stets an seiner Seite.* Ob er sich gen Westen oder Osten dreht, die Geliebte ist stets zu sehen, in ihrer schönsten Pracht.

So wird der Dichter selbst eines Tages zu einem Gedicht und Kinder und Tiere dürfen sich an seiner Dichtung erfreuen. Der Poet ist einfach Dankbar, dass er Teil dieser Schöpfung sein kann und durfte. Das Dichtersein bringt ihm die prophetische Botschaft mit. Dies ist der Lohn für die Geduld die er mit den Menschen hatte.

Spott und Tadel zu ertragen von der Mehrheitsgesellschaft ist nicht einfach, dies ist nur den erhabenen Geistern gegönnt.

„Ja es gibt viele verschiedene Art von Menschen. Kapitalisten und Gläubige. Ungläubige und Atheisten. Intellektuelle und Habgierige. Sie alle bilden eine Familie, auch wenn sie streiten vermögen."

Doch nur der Dichter darf am Mysterium des Lebens kosten.

„Reißt nicht das Eingeweide unserer Erde auf. Sonst werden die Flüsse und Bäume weinen."

Keokuk

Nur der Dichter redet in *Feinfühligen* Tönen. In den Städten reden die Leute voller Aggressivität miteinander. Streit und Zank ist an der Tagesordnung. Jeder mag den anderen übertrumpfen wenn es sich um einen bösen Sprachgebrauch handelt. Nur der Dichter kann die schönsten Bilder malen.

Ihr erschafft Technologie. Doch ohne Liebe zur Dichtung dient alles nur der Zerstörung des Lebens, der Mutter Natur. Das Gedicht entspringt aus der Tiefe der Seele. Es ist ein Ausdruck der Göttlichkeit in allen Wesen.

Die Tiere reden in Dichtkunst, die Mutter Natur ist reine Poesie. Nur der Mensch ist vom Weg abgekommen. *Wer sich nicht mit Dichtung und Poesie beschäftigt, der wohnt auf der tiefsten Leiter der menschlichen Evolution.* Er läuft in jedem Moment rückwärts, gegen das Leben. Weil eure Gesellschaft nicht hört auf die Dichter, ist sie dem Untergang geweiht, da sie nicht zur feinfühlenden, bedingungslosen Liebe finden kann.

„Im Osten oder in früheren Zeiten der Welt wurden Dichter als Heilig betrachtet. Im Westen, in Deutschland werden sie diskriminiert, mit aller Macht."

Die Dichtung entspringt aus dem Brunnen der Liebe. Eure Gesellschaft möchte lieber schmutziges Wasser aus dunklen Brunnen trinken.

„Freude gibt es im Konsumerleben nicht."

Erich Fromm

Gedichte sind die Tänze der erhabenen Seelen, voller Adel und Anmut. Der Mechanismus hat eure Welt erobert, deswegen seid ihr Menschen am Leiden.
Eure Augen sind verschlossen für die Poeten und ihre Dichtungen.
Des Dichters Augen sind weich, voller Tränen. Doch eure Aura ist eiskalt und Steinhart.
In euren Schulen geht es nicht um Gedichte, dort werden nur die Gesetze der Wirtschaft gelehrt mit seinen unmenschlichen Gesetzen und Strukturen. Wer in eurer Welt Tränen vergießt ist schwach, nur die Steinharten schaffen es weit nach oben.
Welch eine Schande, eine Schmach, eine Niederlage für euch. Die Dichter verhungern und müssen ums Überleben kämpfen, jene Boten des Lebens.

„Und eure dummen Profisportler leben im Luxus. Alle Werte sind verdreht bei euch." Und dann verlangt ihr, dass das Leben euch schön behandeln solle. Träumt weiter."

Ihr seid Trunken um eure Gelüste. Doch wer nicht Trunken von der poetischen Musik, der wird weiterhin leiden. Der Geist eines Menschen muss den Willen haben zum Tanz der Liebe. Falls er dies nicht habe, so verfehlt er das Leben.

„Willst du schon gehen? Der Tag ist ja noch fern. Es war die Nachtigall, und nicht die Lerche. Glaub, Lieber, mir. Es war die Nachtigall.“

William Shakespeare

Phantasie und Gefühl lassen ein Gedicht entstehen, wer diese Eigenschaften hat nicht wohnt inne, der möge nicht Erschaffen könne. Man kann die Wahrheit nicht verkünden, wenn man keinen Zugang zu Gedichten hat. Wenn der Geist einmal Trunken ist von Liebe, wird er in allem die schönsten Gedichte sehen.

Das Wirtschaften und die Gier nach Materialismus hat das Herz des „modernen, unmodernen“ Menschen getötet.

Gedichte zu schreiben ist ein Gebet, es ist keine Arbeit. Eure Musik ist nur geprägt von Arbeit. Es geht um den Profit, ums Geld. Die Dichter passen nicht in eure von strukturellem Rassismus geprägte Gesellschaft hinein. Der moderne, unmoderne Mensch kann des Dichters Symphonien nicht erhören.

„Liebe zur Natur ist die einzige Liebe, die menschliche Hoffnungen nicht enttäuscht."

Honore de Balzac

Die Seele wird verleugnet im Westen, das Herz ist nur Dienerin obwohl sie die Meisterin sein möge.

So ist es natürlich, dass wir Dichter hier keine Luft bekommen, dass sie uns kreuzigen, da wir gegen ihre Ordnung sind. In ihrer Ordnung herrscht der kalte Verstand, die Seele hat hier keinen Platz. Die Sprache der Mystiker verleugnet, so sitzt ihr nun fest im Elend. Das egoistische Selbst regiert bei euch. Das Herz bekommt keine Luft. Zum Anhang der Maschine wurde der Mensch.

Erst habt ihr Gott getötet, nun habt ihr den Menschen getötet. Leer und entfremdet fühlt sich der weiße Mensch. Der Mensch ist tot, so haben alle theologischen und intellektuellen Gespräche zwischen Gläubigen und Ungläubigen keinen Wert mehr. Der moderne Mensch beugte sich dem Mechanischen. Er betet neue Götzen an.

Götzen sind unlebendige Dinge, sie sind das Werk der Hände der Menschen, und der Massenmensch beugt sich vor seinem eigenen Werk. Die Götzen haben neue Namen. Die Götzen der heutigen Zeit, um einige zu nennen sind, Vaterland, Produktion, Technologie, Geschwindigkeit, Konsum, Sportveranstaltungen etc.

Der moderne Mensch denkt, Götzenanbetung würde der Geschichte angehören oder religiöse Symbole sein, dabei hat er vergessen, dass der Lebensstil des weißen Mannes eine schlimme Götzenverehrung ist.

„Der Mensch ist im Grunde Begierde, Gott zu sein."

Jean Paul Sartre

Menschen sind stets in Hektik im Tun. Doch sie sind Seelisch nicht aktiv. Die schöpferische Kraft wird nicht genutzt. Man hat keine Liebe im Geiste und handelt nicht selbstlos für das Gemeinwohl. Die Arbeit ist einer der größten Betäubungsmittel der heutigen Zeit, abgesehen von Zigaretten, Autofahren und Trinken. Man flieht in die Tätigkeit. Nach der Arbeit geht es in den Sport, doch die Seele wird nicht genährt. Im Mittelalter war das Ziel das Heil, die Vervollkommnung des Menschen. Im heutigen Zeitalter ist das Ziel die maximale Produktion von Dingen, der größtmögliche Konsum und das Arbeiten lassen von Geld, das Ausbeuten der niederen Kaste. Der Mensch dient dem technischen Fortschritt, nicht seinem wahren Sein. Der moderne Mensch, denkt er sei enorm gebildet, doch in Wirklichkeit ist er ein Sklave der Wirtschaft, den Göttern des Mammon. *Gerade weil der moderne Mensch innerlich leer ist, muss er diese Leere mit Konsum und Vergnügen füllen, doch sein Leid wird immer mehr zunehmen, da er gegen das Leben verstößt.* Der Mangel an innerer Aktivität der Masse macht das Leben für die zarten Wesen zu einer Hölle. Wie die alten Römer wird das Volk durch Gladiatorenspiele verblödet und versklavt.
Siehe heute Fußball, Basketball, alle Profisportveranstaltungen. Die Regierenden und die Regierten befinden sich im gleichen Drama. Sie benötigen Einander. *Die einen sind Gehorsam, die anderen sind Sadistisch veranlagt.*

„Die Philosophie ist eine Art Rache an der Wirklichkeit."

Friedrich Nietzsche

Menschen denken, sie würden lieben. *Doch wie kann man Lieben wenn man nicht weiß wie es wirklich geht?* Weil man von den Mysterien der Liebe keinen Schimmer hat, ist die Welt im globalen Sinn, ein Irrenhaus.

Wir sehen die Sterne nicht mehr, wir sehen die Tiere nicht mehr. Die höchste Form von Liebe erwartet keine Gegenleistung. Man liebt einfach um des Wunders Willen in der Liebe. Doch der moderne Mensch möchte immer in seinem Akt etwas zurück bekommen für seine Handlungen. Dies ist gegen die Liebe.

Diese Art von Handlungen regiert dieses Zeitalter in den modernen, unmodernen Ländern.

„Abschied ist solch süßer Schmerz."

William Shakespeare

Da kommt ein *Gastarbeiterkind* und dichtet von den schönsten Blumen. Es ist wohl klar, dass ihr Minderwertigkeit bekommet. Er hält euch den Spiegel vor. Er schreibt in seinen Werken.

„Würden wir einander lieben, wäre diese Erde nicht in dieser Lage."

Dies stört eure Ordnung, die vom kalten Verstand regiert wird. In eurer Welt ist der Dichter eine große Gefahr, da er die Sprache des Herzens zu euch bringen mag. *In Asien werden Dichter verehrt und wie die Verbündete der Philosophie betrachtet und geehrt. Hier in Deutschland werden sie in die Armut gedrängt und diskriminiert.*
Dies ist das Drama der Welt. Diese Handlung lässt das Leben traurig werden und die Menschen leben unglücklich in dieser Welt, doch der Dichter fliegt zu wunderschönen Höhen, während der kleine Mann im Elend weiter seine miserablen Theaterstücke spielt auf der niedrigsten Bühne des Theaters. *Sein Drama ist eine künstliche Misere.*

„Es ist erstaunlich. Ich weiß von mir selbst, dass ich schlecht und dumm bin, aber man hält mich für einen genialen Menschen. Wie steht es dann um die anderen?"

Lev Tolstoi

Merkt ihr denn nichts? *Das Wasser zieht sich zurück.* Es herrscht Ebbe. Die schönen Menschen auf der Welt werden immer weniger. Schaut in eure Großstädte, fern von ästhetischer Schönheit. Sie wurden mit dem kalten Verstand, der nur an Profit möge Interesse haben erschaffen.
Sie sind nicht von Menschen erschaffen worden, die in Liebe mit dem Leben sind. Ja, unsere Gedichte sind Schutz gegen eure kalte Welt.
Ich hinterlasse eine Enzyklopädie für die kommenden Generationen, damit sie sehen, dass es jemanden gab, der diese ungerechte Welt negierte. Gedichte lassen uns überleben. Hätten wir sie nicht, könnten wir nicht atmen in dieser barbarischen Welt, wo die Götter des Mammon und die Religion der Technologie regieren, wo der Mensch seine Lebendigkeit verloren hat. *Die Normopathie hat austrocknen lassen alle Seen und Flüsse.*

„Ich war einfach verblüfft. Alle Terroristengruppen, die Menschen umgebracht haben, Flugzeuge entführt, Botschaften bombardiert und Menschen gekidnappt haben, dürfen ihre internationale Konferenz abhalten, ich darf nicht einmal als Tourist für vier Wochen nach Deutschland einreisen. Diese Terroristen gehören alle zur gleichen Denkungsart. Schaut man in die Psychologie dieses Phänomens hinein, dann ist es sehr simpel. Es kann geduldet werden, dass all diese Terroristen ihre Konferenz in Deutschland abhalten, sie denken genau wie die anderen, sie teilen die gleiche Weltanschauung, sie verfolgen die gleiche Politik. Sie sind ein Teil dieser korrupten Gesellschaft. Aber mir kann man keinen Zutritt gewähren. Aus dem gleichen Grund wurde Sokrates zum Tode verurteilt."

Osho

„*In Asien gilt die Dichtung als Verbündete der Philosophie. Dichter werden wie Meister verehrt und zeichnen sich durch ihre Fähigkeit aus, das Schöne in den Dienst des Guten zu stellen. Indem sie einen besonderen Blick auf das, was sie umgibt, werfen, können sie die Banalität des Alltäglichen verschönern.*"

Ginko

So läuft die Welt liebste Vera, die Diebe laufen auf roten Teppichen, und wohnen in Palästen, Schlössern und Villen. Ihr Volk sind die Untertanen, die ihnen zu ihrem Wohlstand verholfen haben, weil sie gehorsam waren. Der kleine Mann machte die Kleinen zu Großen.

Sie sind die niedere Masse, von der ich dir erzählte. Die wahren Künstler des Lebens, die edlen Wesen schlafen unter der Brücke und müssen ums Überleben kämpfen. Doch, alles kehrt zurück eines Tages, an seinem seligen Ursprung.

Wer am Schönsten lachet, der möge am besten lachen am Ende der Geschichte. Ganz gewiss liebste Vera. Es werden die Liebenden sein....

Ja, die Herde kann zum Mond fliegen, sie können Haufen von Geld haben. Sie können immer schnellere Technologie erfinden, doch eines können sie nicht. Das Geheimnis dieser Werke können sie nicht lüften.....

Die Werke der Liebenden sind zu Geheimnisvoll und kommen aus Quellen wo die Masse keinen Zutritt hat, nicht mal in ihren schönsten Träumen....

„Es ist als wäre die Zeit gekommen, mein Werk zu beschließen, und ich fühle im Wind einen schwachen Duft deines süßen Daseins."

Notizen

Notizen